汉语四字经

中华文史

Chinese Culture and History

里 京 ◎ 著

暨南大学出版社
JINAN UNIVERSITY PRESS

中国·广州

图书在版编目（CIP）数据

中华文史/里京著. —广州：暨南大学出版社，2015.6
（汉语四字经丛书）
ISBN 978 - 7 - 5668 - 1322 - 0

I. ①中…　II. ①里…　III. ①文化史—中国—青少年读物　IV. ①K203 - 49

中国版本图书馆 CIP 数据核字（2015）第 015193 号

．．

中华文史

著　　者：里　京

策划编辑：李　战
责任编辑：曹　军
责任校对：王嘉涵

地　　址：中国广州暨南大学
电　　话：总编室（8620）85221601
　　　　　营销部（8620）85225284　85228291　85228292（邮购）
传　　真：（8620）85221583（办公室）　85223774（营销部）
邮　　编：510630
网　　址：http：//www.jnupress.com　http：//press.jnu.edu.cn
排　　版：广州市天河星辰文化发展部照排中心
印　　刷：深圳市新联美术印刷有限公司
开　　本：787mm×1092mm　1/16
印　　张：13.5
字　　数：191 千
版　　次：2015 年 6 月第 1 版
印　　次：2015 年 6 月第 1 次
印　　数：1—5000 册
定　　价：58.00 元

前　言

　　启蒙思想家梁启超先生说："少年智则国智，少年强则国强。"中西文化先驱、明末大科学家徐光启说："欲求超胜，必先会通。"而今天，我们的教育仍无会通，无会通，则难思辨，则批判性和创造性思想薄弱。因此，我以十余年时间探究基础教育创新变革，发起中国基础通识教育实践，构建基础通识教育教学体系，创作《汉语·四字经》人文会通启蒙读本。

　　儿童教育也被称为启蒙，《易经》有："蒙以养正，圣功也。"几千年中华历史流传下来几百部优秀蒙学读物，这些读物为古代中国启蒙了众多贤哲，荫及代代华人思想。多数童蒙读本，如《三字经》、《千字文》、《声律启蒙》等，在编纂与教学上兼顾字形、音、义之优，是古典蒙学的上乘之作，而在文义上所表现的是不分学科的会通知识结构，这种蒙学形式该是当今中华启蒙读物最值得传承借鉴的。由于当前流传的古代童蒙读物多成书于宋至清中期，之后具有传统特色的童蒙书几无面世，因此目前流传的童蒙书文义内涵也仅限于中华文化范围。而随着人类社会快速发展，近两百余年人类信息量远超过去两千年的总和，传统蒙学对人类经典文史及现代科学人文思想的缺项已成蒙学不足。所以，创新传承中华蒙学，创作出既兼具传统蒙学韵律美特色，又适合当代中华少年儿童启蒙教育，是开发基础通识教育读本的主导思想。

　　认知心理学先驱、著名心理学家和教育家罗姆·布鲁纳，在《教育过程》中提出，儿童从出生开始就伴随着教育，任何学科都可用与儿童认知结构相适应的知识结构进行教育。我认为，信息时代，少年儿童的认知发展，除了强调对儿童进行体悟式训练外，通过合适的方式获得大容量的图景概念是一个越来越重要的过程。图景概念有别于死记硬背、精确定义的文字概念，而是要在儿童的头脑里尽可能产生和储存大量的有兴趣的、灵活的，哪怕是模糊的图景意识。儿童在头脑里储存的图景概念越多，越容易在现实生活中对触及到的相关信息引起注意，产生思维碰撞，激发更广泛兴趣和联想，提高自我加工和判断能力，如此逐步孕育出严谨、审慎的思辨能力和丰富的想象力。

教育学创立者夸美纽斯曾提出"泛智论"，主张建立一个包罗万象的知识体系。而先哲庄子却说："吾生也有涯，而学海无涯。"我们又说"信息爆炸"了。因此，当下要建立一个包罗万象的知识体系，其难度之大远非夸美纽斯时代可比。然而教学必是要抽丝于无绪中，即使抽出仅有的几百个知识元，只要是启蒙教育所必要的知识就会引爆智慧的链式反应。在本书创作构思中，关于"脑细胞各神经元依靠突触相互链接来传递脑电波的结构"也引起了我的关注，我把精选的每个知识元点看作一个脑神经元，把知识元的辐射看作神经元突触，辐射链接越多越长，那么这些知识元就会构成一个"聪慧"的知识网络，我称其为"神经网络知识结构"，这成为《汉语·四字经》知识架构的依据。

《汉语·四字经》按中华文史、世界文史和科学人文三个主线分册，构成当代基础通识教育核心内容。全书在中华和世界上下五千余年人类发展史中汲取历史、文学、哲学、艺术、科学、人文之精华，主干四字一句，双句成韵，为学习者提供一套易于上口、博导联想的、古今中西会通、文理科哲会通、思想大成的基础学习典籍。针对主干韵文，我在精确考据和把握当前科学人文前沿的基础上，对每句韵文都作了解释，以方便学生、教师、家长的理解，使读本更利于课堂教学和家庭教育。

《汉语·四字经》启蒙教育，不要强求死记，应以识字、诵读和兴趣探究为主，由诗韵入手以易于诵读，由图景意识入手以产生概念，为当代中华儿童开拓一条人文会通的精英思想启蒙之路。

这个世界真美好，因为有书可读，而书海无涯，关于书的选择则尤为重要。

愿中华民族的后代在书香中会通，实现超胜，此为《汉语·四字经》系列书作的目的。

里　京

总 概

注：画横线部分引自《千字文》

中 华 文 史

总

概

tiān dì xuán huáng　　yǔ zhòu hóng huāng
天地玄黄，宇宙洪荒，
pán gǔ kāi tiān　　qián kūn chū zhāng
盘古开天，乾坤初张。

【注释】　玄：黑色。　　洪荒：混沌迷茫。
乾坤：一般代表天地、阴阳。

　　《易·乾》卦中说："天玄而地黄。"先秦杂家著作《尸子》中说："四方上下曰宇，往古来今曰宙。"庄子首次在《齐物论》中将"宇宙"连用："旁日月，挟宇宙，为其吻合。"所以，宇指空间，宙指时间，宇宙指时空。传说在天地刚开始产生的时候，天是黑色的，地是黄色的。远古时代，茫茫宇宙，天地相连，混沌一片。

　　在混沌的天地中有一个生命吸天地之精华而渐渐强壮起来，这个生命叫做盘古。盘古孕育成人以后，睡了一万八千年，醒来睁开双眼，发现周围黑暗混沌一片，非常气愤，便抓起身边的斧子朝混沌的世界劈去。天地分开了，混沌中轻的一部分（阳）飘动起来，冉冉上升，变成了蓝天；而较重的一部分（阴）则渐渐沉降，变成了大地。为了使天地不再合在一起，盘古就手撑天，脚蹬地，他每天长高一丈，天地也每天离开一丈，天地被他撑开了九万里，他也长成了一个高九万里的巨人。盘古开天辟地后，本来混沌不清的乾坤就分明了。

002

qì jù sān cái　　rì shēng wù zhǎng

气聚三才，日升物长，

wǔ xíng wàn wù　　liù hé sān guāng

五行万物，六合三光。

【注释】 聚：汇集到一起。
长：生出。

有一种传说是，在乾坤初分后，混沌不清的形势被改变了。然而，各种形都是由气构成的，轻清的气，向上飘浮而成为天；重浊的气，向下凝沉而成为地；虚灵的气，在中间凝结为人。这由气凝聚而成的天、地、人一起被称为"三皇"，也被称为"三才"。

还有一种传说，由于时间很快流逝，支撑天地的盘古渐渐变老，快要耗尽心血了。这时盘古想：光有天地不行，还应在天地间造出日月山川、人类及万物。但他太累了，再不能亲手造这些了。于是，盘古把自己的身躯变成了四面高山支撑着天，左眼变成了太阳，右眼变成了月亮。而他嘴里呼出来的气变成了春风、云雾，声音变成了雷电，血液变成了滚滚江河，汗水变成了雨和露，汗毛变成了花草树木，他的精灵变成了动物。从此，太阳上升起来，万物也旺盛地成长起来，天地间有了世界。

五行是指金、木、水、火、土五种事物。传说这五种事物相生相克而生出万物。六合是指东、南、西、北和上、下。三光是指日、月和星辰。

003

wú zhōng shēng yǒu   zài tǐ dà fāng
无 中 生 有 ， 载 体 大 方 ，
tiān zhāng shǐ chéng   xīn xīn wèi yāng
天 章 始 成 ， 新 新 未 央 。

[注释]

载：开始；陈设。　　体：存在状态；形成，生长。

大方：规则。　　　天章：日月星辰，天体。

央：终止，完结。

《老子》第四十章有"天下万物生于有，有生于无"之论。老子认为天下万物都生于具体事物，而具体事物都是由无产生的。这个"无"就是"道"，是宇宙万物的本原。现在，物理学家们也发现，我们这个宇宙就是由大约 140 亿年前的宇宙大爆炸从无中产生的，这与老子的学说非常相似。万物从无开始一产生出来，无论形态及大小有多么不同，就都各有各的位置，各自遵从各自的规则，即万物都有自己特定的生存规律和运行轨迹，毫无混乱现象。天上的日月星辰出现后便开始生生不息地运转起来，地球上春夏秋冬周而复始、永不停息地变化。正如唐朝文臣孔颖达所说："天之为道，生生相续，新新不停。"表明自宇宙形成以来，万事万物都处于变化之中，变化是永恒的。天地变化就是一个不断创造的过程，天地因创造带来新的变化而延续、而美丽。

yín hé nèi wài　　xīng yào lí máng
银 河 内 外 ， 星 曜 离 茫 ，
tài yáng yī xì　　bā xīng yī bàng
太 阳 一 系 ， 八 星 依 傍 。

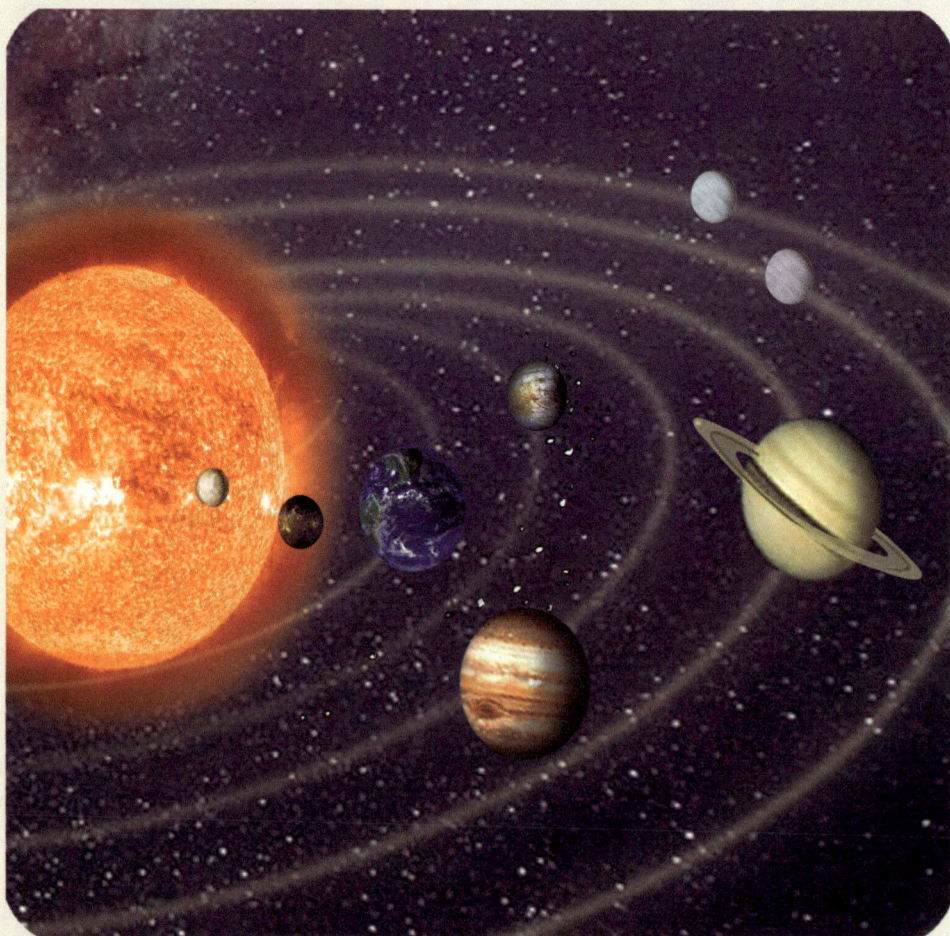

【注释】 曜：日、月、星的统称，日、月和水、
金、火、木、土五星合称"七曜"。

夜晚仰望群星闪烁的天空，我们会想象：这望不到边的宇宙是什么？它是如何产生的？其实，从古代到今天，人类一直都在探索这个问题的答案。

今天，大多数科学家认为，宇宙是在大约140亿年前一个原始的温度极高、密度极大的小小"火球"发生的一次大爆炸中产生的，随着爆炸后温度的降低，在最初3分钟内产生了现在物质世界的各种粒子：光子、电子、中微子、质子、中子等，约在10亿年时产生了无数个星系，并且宇宙形成后一直在不断地膨胀。银河系就是宇宙无数星系中的一个。

银河系是由一千多亿颗恒星组成的外形如铁饼的恒星团，它的半径约为4万光年（1光年是光一年走的路程）。太阳是银河系内千亿颗恒星之一，距银河系中心约2.6万光年。夜晚我们仰望茫茫天空，无数颗星星闪烁着光芒。而我们看见的银河，就是我们站在地球上，沿银河系直径向银河系边缘方向所看到的无数闪亮的恒星重叠而成的。

太阳系由八个围绕太阳运行的大行星组成，距太阳由近及远分别是水星、金星、地球、火星、木星、土星、天王星、海王星。火星和木星之间还有一大批小行星。太阳和围绕它转动的这些大小行星、卫星和彗星组成了一个非常和谐、美妙的天体系统，这就是太阳系。太阳的质量占太阳系总质量的99%以上。

浩瀚的宇宙给予人类无尽的遐想，至今人类所知道的还微乎其微，而人类也将不断探索下去。

dì qiú jiāo lì   bì cǎi zhōu yáng
地 球 娇 丽， 碧 彩 洲 洋，
shēng wù yào sù   shuǐ qì yáng guāng
生 物 要 素， 水 气 阳 光。

【注释】

娇丽：可爱而美丽。　碧：青绿色的玉或美石。
洲：一块大陆和岛屿的总称。　洋：比海更大的水域。
要素：必要因素。

　　地球表面大约十分之七被海洋水体覆盖着，而陆地只占地球表面的十分之三左右。地球上环绕在陆地周围的广大水面叫做海洋。"海"和"洋"是两个不完全相同的概念，"海"是"洋"的一部分，它分布在大洋的边缘，和陆地紧紧相连，面积和深度比大洋要小、浅得多。地球上的大洋是相互通连的，分为太平洋、大西洋、印度洋和北冰洋四个大洋。其中太平洋的面积最大，比地球上陆地面积的总和还要大。亚欧大陆虽然是一整块的陆地，却又分为亚洲和欧洲两个大洲。这样，世界上的大陆有六块，大洲却有七个，即亚洲、欧洲、北美洲、南美洲、大洋洲、南极洲、非洲。

　　因地球表面大部分被水覆盖着，并包裹着一层大气，因此在太空看阳光照射下的地球是个蓝色的球体。同时，由于地球上空时常飘浮着白色的云朵，而陆地表面有绿色的植被，这给蓝色的地球点缀了绿色和流动状的白色，使地球显得更加晶莹剔透，异常美丽。

　　太阳给地球提供温暖的阳光，地球表面有一层大气，江河湖海中有水。这样的阳光、大气和水成为生物产生和生长的重要条件。因此，在地球上才有动物、植物及微生物等生命体存在。

006

rì yuè yíng zè　　chén xiù liè zhāng
日 月 盈 昃 ， 辰 宿 列 张 ，
hán lái shǔ wǎng　　qiū shōu dōng cáng
寒 来 暑 往 ， 秋 收 冬 藏 。

【注释】 盈：满，指月圆。 昃：太阳西斜。 辰宿：星辰和星座。
列张：出现，布满。

　　在地球上，我们看到太阳从东边升起来，在西边落下去，月亮
圆了又缺，星辰布满天空。日月光华，旦复旦夕。一年之中，春夏
秋冬四季循环，每年都有寒冬的降临和暑夏的结束。万物生于春，
长于夏，秋天收获，冬天储藏。我们感受时空变化，这是地球围绕
太阳公转和自转形成的自然现象，太阳又在银河系中运行，银河系
在宇宙中运行，整个宇宙天体演变不停。人类只是宇宙中一颗星球
上的一员，随着整个宇宙的不停运行而感受周而复始的变化。

　　昼夜变化是由地球自转引起的，地球自转一周就是一天。四季
变化是地球围绕太阳公转引起的，由于地球自转轴与围绕太阳公转
的轨道面不垂直（与公转轨道面法线有 $23°26'$ 的倾角），便产生一
年四季的变化。地球围绕太阳转一周就是一年。

007

rùn yú chéng suì　　lǜ lǚ tiáo yáng
闰馀成岁，律吕调阳，
yún téng zhì yǔ　　qì níng wéi shuāng
云腾致雨，汽凝为霜。

闰馀：农历纪年的时间与地球实际公转一周的时间的差值
　　　　叫闰馀，馀同"余"。
凝：凝华。

　　日历上一年的十二个月再加上闰馀，才是真正完整的一年时间。中国古人认为自然界中各种对立又相连的现象，如天地、日月、昼夜、寒暑、男女、上下等，都可以被概括为"阴"和"阳"两个对立的方面，并以阴阳变化反映现实的物质世界，即物质世界的运动是"阴阳"的。所以，在气候变化上如果阴阳之气调和了，阳气上升为云雨，阴气凝结成露霜，这样天时便具备了。传说古人用六律六吕来测量天气的变化。律吕始用于黄帝时期，黄帝命大臣将竹子截成筒，代表阴阳各六个。六个阳管为律，六个阴管为吕。这样人们可用律吕来调和阴阳之气，春夏得阳气，秋冬得阴气。

　　自然界中，云气在上升的过程中逐渐遇冷形成雨滴，夜间空气中的水汽遇冷就凝结成露水，所以夏天和秋天的早晨会看到草叶上有露水（水珠）。而到了深秋时节，水汽遇到更冷的天气便凝华成霜，所以深秋的早晨会看到地面或植物叶子上有白霜。这些都是自然界的普遍现象。

008

jīn shēng lì shuǐ　　yù chū kūn gāng
金 生 丽 水 ， 玉 出 昆 冈 ，
yuán hé xì bāo　　shǐ zì míng yáng
原 核 细 胞 ， 始 自 溟 洋 。

【注释】　丽水：丽江，即金沙江。
　　　　昆冈：昆仑山。　　滇：海。

　　天时具备，地利兴起，地上便形成了俊美山川，生长出灵秀万物。传说黄金产于金沙江，美玉产于昆仑山。

　　生命的产生是个奇迹，也是个谜，至今人们都在探索生命是如何产生的。让那些无生命的原子、分子自己组成生命，有人认为这是不可能的事。但我们必须承认，无论可能或不可能，现在我们就在这里，我们自己就是一个活生生的生命体。目前，科学家们普遍认为水、空气和阳光是地球上产生生命的三个要素。最早的生物体是只有单细胞的"原核生物"，是在30多亿年前的原始海洋中孕育形成的。之后，它们又不可思议地组合成了像细菌的线粒体，线粒体支配着氧，食物营养被线粒体吃掉然后释放出食物中的能量，这种线粒体入侵到细胞中，使细胞发生了改变，出现了带核的细胞，由此产生了复杂生命的细胞——真核细胞。单细胞的真核细胞就是"原生生物"，它比原核生物大得多，能够多带 1 000 倍的DNA。据说从原核生物到原生生物就花去了20亿年左右的时间。从原生生物开始，又进行了不可思议的结合，形成复杂的多细胞生物，最后发展成了两种生物——排斥氧的生物（如植物）和接受氧的生物（如人等动物）。

hǎi xián hé dàn　　lín qián yǔ xiáng
海 咸 河 淡 ， 鳞 潜 羽 翔 ，
wù zhǒng lěi lěi　　shàn lín tóng xiāng
物 种 累 累 ， 善 邻 同 乡 。

【注释】 潜：进入水里。 翔：飞。 累累：很多。

　　海纳百川，大地与海相依，海水是咸的，河水是淡的。长有鳞片的鱼在海里自由自在地游着，长有羽毛的鸟在天空中快乐地飞翔。我们的地球资源种类繁多，生物丰富多彩。但相对于快速增长、越来越多的人类而言，地球资源总数在不断减少，尤其是生物种类减少得更快，这种情况已经威胁到人类自身的发展。所以，我们人类与地球上的其他物种共同拥有一个地球家园，大家应该是和善的邻居，是同乡，应该相互关爱，友好、和谐共处。

　　地球上共有13亿立方千米的水，有97%的水在海里，太平洋占了较大部分。淡水只有3%，但其中大部分存在于冰川里，只有约0.3%的水存在于江河湖泊中，这部分存于江河湖泊中的淡水是目前可以提供给人类的淡水资源，还有更小一部分存在于云团空气中。而地球上约有90%的冰在南极洲，有3 000米厚。据说，如果南极的冰全部融化，海平面将升高60多米。

010

sān shí yì nián　　shēng mìng mián cháng
三十亿年，生命绵长，
gǔ wǎng jīn lái　　lì jìn cāng sāng
古往今来，历尽沧桑。

[注释] 沧桑：沧海桑田的简称，沧海指大海，桑田指农田。
沧海桑田，指世事变化巨大。

　　30多亿年前在原始海洋中产生的原核生物，经过漫长的岁月，逐渐进化成今天的微生物、植物和动物，这期间经历了一次又一次奇迹般的重大突破。在6 000万到3 000万年前，进化产生了最早的类人猿。在600万到300万年前，进化产生了最早的原始人类。目前发现最早使用石器工具并能完全直立行走的人，是在东非250万到170万年前的能人。直到25万到4万年前，人类才进化到现代人（智人）。

　　人类经过不断演变，走到现代科技发达、分工明确的人类社会。但人类在大自然的选择中存在很多先天不足，最后才凭借发育出的特有大脑侥幸生存下来。人类的肉体在自然面前存在诸多尴尬，人的视觉不如鹰、猫锐利，也不能夜视，嗅觉不如狗、狼等，也不会飞翔，其奔跑能力只能与爬行动物为伍。如此低劣的体能，可以想象得出面对自然界弱肉强食的残酷竞争，人类的发展将是多么艰难！所以著名哲学家尼采说人是"大自然的弃儿"。然而，作为"弃儿"的人却有幸生存下来了，并越来越依赖科学技术而生存。

　　生命从几十亿年前到今天的演变，沧海变桑田，万物历尽沧桑。

011

tiān dào rén xìng　　xué sī bù wǎng
天 道 人 性 ，学 思 不 罔 ，
pǐn wù liú xíng　　ruì zhé chāo cháng
品 物 流 形 ，睿 哲 超 常 。

【注释】
天道：天地自然的规律。　　罔：迷惑，糊涂而无所得。
品物：产生万物。　　流形：赋予形态。　　睿哲：睿智，通达事理。

　　人类利用自己发达的大脑，制造工具以弥补体能的不足，最终有幸生存下来，并逐渐成为地球的主宰者。今天的我们，应该珍惜自己特有的智力，感悟天地自然规律，精通人性，勤于学习和思考，使自己更加明智，并珍惜培育人类产生智力的自然。善用智力，善待自然。

　　天地万物在生生相续、新新不停的变化中产生出来，并被赋予各种形态。物集山川之精英，汇乾坤之瑞气，可以成为至宝奇珍。人类作为万物之灵而异于其他动物，在于人有思想、有智慧。思想使人从动物进化中脱颖而出。在人类文明产生以后，涌现出一大批出类拔萃的有思想、有智慧、集大成的哲人学者，他们的思想极大地推动和指导着人类文明的进步与发展，在人类科学、艺术、人文领域传播真、善、美。这些圣贤如颗颗巨星垂布天宇，烁烁闪亮，为人类自身发展启明导航。

012

<ruby>纵<rt>zòng</rt></ruby> <ruby>论<rt>lùn</rt></ruby> <ruby>千<rt>qiān</rt></ruby> <ruby>古<rt>gǔ</rt></ruby>，<ruby>横<rt>héng</rt></ruby> <ruby>采<rt>cǎi</rt></ruby> <ruby>八<rt>bā</rt></ruby> <ruby>荒<rt>huāng</rt></ruby>，
<ruby>四<rt>sì</rt></ruby> <ruby>字<rt>zì</rt></ruby> <ruby>经<rt>jīng</rt></ruby> <ruby>文<rt>wén</rt></ruby>，<ruby>启<rt>qǐ</rt></ruby> <ruby>贤<rt>xián</rt></ruby> <ruby>至<rt>zhì</rt></ruby> <ruby>上<rt>shàng</rt></ruby>。

[注释] 采：选取，收集。 八荒：天下。
启：引导。 贤：有才能、有德行的学者。

　　精英人才，应该是饱学者和勇于实践者，既满腹经纶又可实操事业，既可指点江山又可激扬文字，并时时把握时代脉搏，感悟前沿领域中大师级人物的思想和行为，汇聚古今中外贤明者的智慧为我所用，在自我成长中化智慧为指导思想，培育出领袖型和创造型思维、气质和开拓能力，为天地人和谐出一分力。

　　《汉语·四字经》是一套贯通古今中西、文理科哲，培育精英思想的通识性经典，引论天人之道，上追人类与自然的千古历程，横括中外天下大事，汇聚大家人物思想与智慧，展示科技发明和创造的机缘、实践与成就。学习《汉语·四字经》可领悟圣贤思想，与圣人为伍，激发思辨和创造性思维，培养和提升科学、艺术与人文底蕴，厚实文学功底，使自己成为真正的通才硕学。

中华文史

101

shì jiè zhī běi　　yà zhōu zhī dōng
世界之北，亚洲之东，

xióng jī zhī shì　　zhōng guó zhī xíng
雄鸡之势，中国之形。

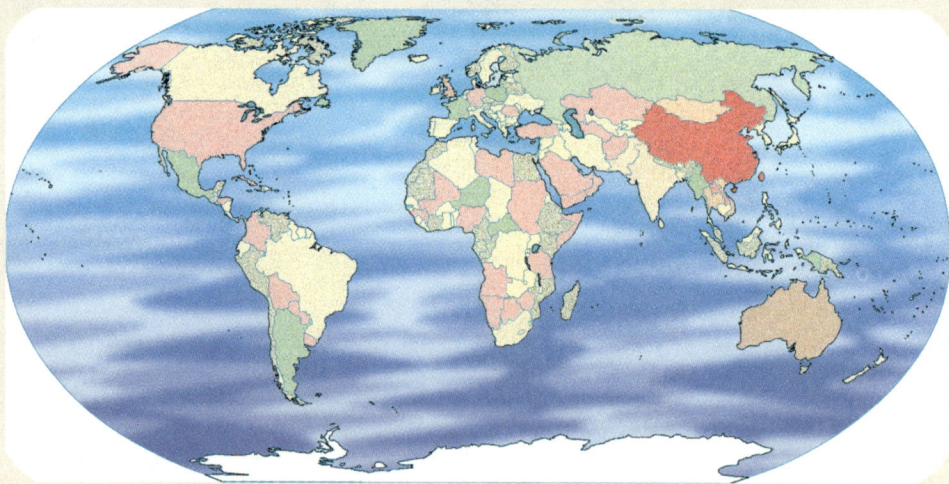

【注释】 势：姿态，自然现象。

中国位于地球的北半球，亚洲东部，太平洋西岸。她幅员辽阔，海陆兼备。疆域南起曾母暗沙（北纬4°附近），北至漠河附近的黑龙江（北纬55°多），南北相距约5 500千米；西起帕米尔高原（东经73°附近），东到黑龙江和乌苏里江汇流处（东经135°多），东西相距约5 000千米。中国东部临海，内海和边海的水域面积470多万平方千米。海岸线总长度32 000多千米，其中大陆海岸线北起鸭绿江口，南至北仑河口，长达18 000千米。中国的陆地面积约960万平方千米，仅次于俄罗斯和加拿大，居世界第三位，差不多同整个欧洲的面积相等。中国周边同14个国家接壤，与8个国家海上相邻。东北与朝鲜接壤，东北、西北与俄罗斯、哈萨克斯坦、吉尔吉斯斯坦、塔吉克斯坦为邻，正北方是蒙古国，西部毗邻阿富汗、巴基斯坦，西南与印度、尼泊尔、不丹等国相接，南面有缅甸、老挝和越南。

中国的版图恰似一只头朝东尾朝西的雄鸡，故用"雄鸡"比喻中国，昂首于世界的东方。

zhū fēng xī yǎng　　sì hǎi dōng héng
珠峰西仰，四海东横，
wǔ yuè wēi é　　jiāng hé bēn téng
五岳巍峨，江河奔腾。

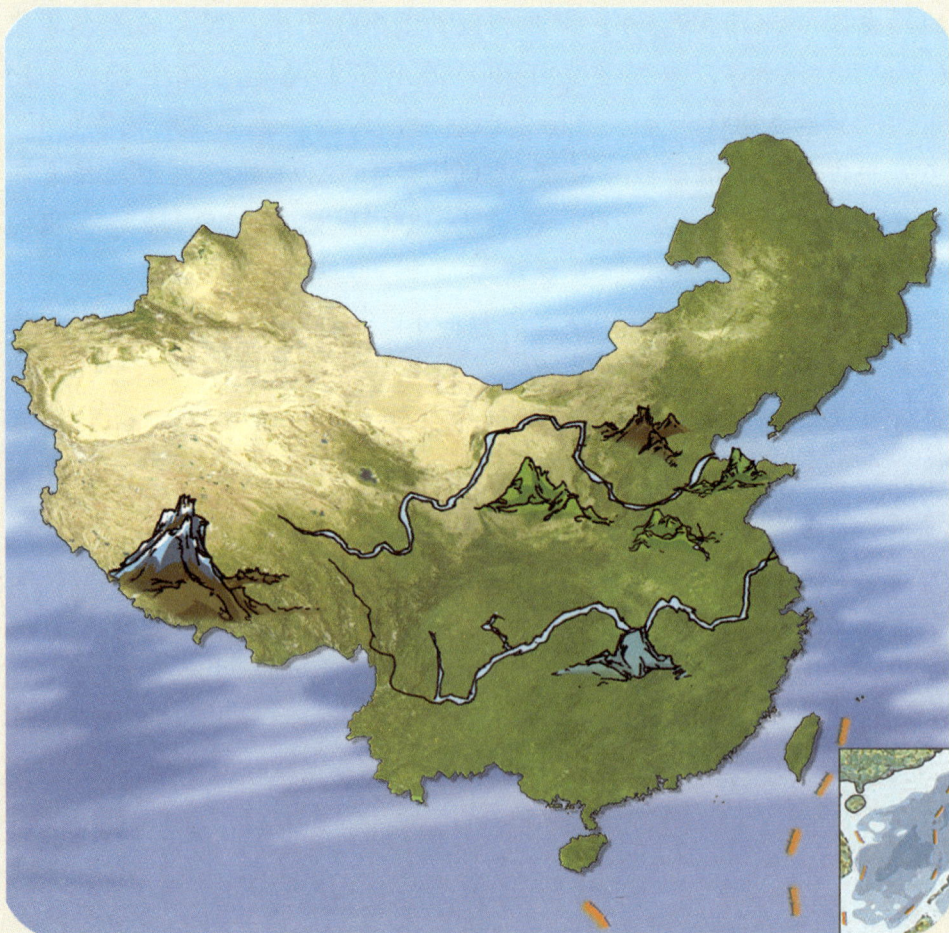

【注释】 巍峨：山或建筑物的高大俊美。

　　中国有许多名山大川，它们将自然与人文融合在一起，各具独特的景观风貌和文化内涵。珠穆朗玛峰（Jo-mo Glang-ma，Mount Everest），简称珠峰，又意译作圣母峰，位于中国西藏与尼泊尔交界处的喜马拉雅山上，终年积雪，是世界第一高峰。藏语珠穆朗玛是"大地之母"的意思。1999 年美国国家地理学会使用全球卫星定位系统测定珠峰的海拔高度为 8 850 米；2005 年 5 月 22 日中华人民共和国珠峰测量登山队成功登上珠穆朗玛峰峰顶，再次测量珠峰高度为 8 844.43 米。随着时间的推移，珠穆朗玛峰的高度还会因地理板块的运动而不断变化。"四海"在古代泛指全国各地，四面八方，此处指在中国陆地东面的渤海、黄海、东海和南海海域；"五岳"是中国古代帝王加封的五大名山的总称，包括东岳泰山、西岳华山、北岳恒山、中岳嵩山和南岳衡山。"江河"在这里主要指的是哺育中华民族的长江、黄河等河流。中国有七大河流，它们分别是长江、黄河、淮河、珠江、海河、松花江和辽河。

　　在中国版图上，"珠峰"与"五岳"雄伟险峻、高耸入云。"四海"和"江河"源远流长、川流不息。

103

yuán móu yuǎn zǔ　　hé mǔ lì gēng
元谋远祖，河姆砺耕，
yāng yāng zhōng huá　　màn màn lì chéng
泱泱中华，漫漫历程。

[注释]　砺：粗磨刀石，引申为石器。

　　　　泱泱：深远广大的样子。

　　在中国境内已经发现了多处早期人类活动遗迹。已知时间最早的有云南省元谋县的元谋人，距今约170万年；陕西蓝田县的蓝田人，距今80万至100万年；北京周口店的北京人，距今约50万年。这些远古人类已经可以使用石器和火。但这些生活在1万年以前的人类还不会自己生产食物，只能用石器采食，所以称这一时期为"旧石器时代"。距今约1万年以后，人类可以用石器生产食物，进入了"新石器时代"。此时，发现的具有代表性的是浙江省余姚县（今余姚市）的河姆渡遗址，距今约7000年，遗址内有大量人工栽培的稻谷及各种农器具，展现了灿烂而古老的新石器文化。

　　这些古人类遗址的发现，表明大约在100万年前，中华大地上已经有了人类的足迹。在这片土地上，人类经历了漫漫历程，逃避自然灾害和野兽侵袭，为生存而抗争，并且不断发明创造，一步步繁衍、发展、延续下来，逐渐进化成今天的我们。

104

cāng jié zào zì　　léi zǔ sī féng
仓颉造字，嫘祖丝缝，
sān huáng wǔ dì　　shì zú lián méng
三皇五帝，氏族联盟。

【注释】
氏族：有共同祖先和血缘关系的人类群体。
联盟：结为合作伙伴关系。

传说，仓颉又称苍颉，是 5 000 多年前黄帝时期的史官，他创造了汉字，被尊称为"造字圣人"。而嫘祖是黄帝的妻子，她带领妇女上山剥树皮，织麻网，她们还把男人们猎获的野兽的皮毛剥下来，加工成衣服。后来，聪明的嫘祖通过观察山上的蚕，发明了养蚕技术，并总结出一套用蚕丝织补的方法，从此人们用丝锦制衣，结束了穿树叶、兽皮的时代。

"三皇五帝"是中国大约 5 000 年前传说中的"帝王"。那时先民大都处于部落联盟的时期，"三皇五帝"正是这一历史时期通过传说保留在古文献中的领袖人物，他们是中华民族的根源所在，他们有的已被历史考古资料证实。关于三皇五帝的具体所指，有着不同的传说，比较通行的说法是："三皇"为燧人、伏羲、神农；"五帝"为黄帝、颛顼、帝喾、尧、舜。

shén nóng xuān yuán　　tǒng yī chuán chéng
神农轩辕，统一传承，
huáng dì shǐ zǔ　　huá xià chú xíng
黄帝始祖，华夏雏形。

【注释】 雏：幼小的鸟，生下来不久的（生命）。

雏形：事物初具的规模。

　　神农与轩辕即传说中的炎帝与黄帝，为大约距今5 000年前的两个氏族部落首领。炎帝是神农氏部落首领的称号，姜姓，会用火，故称炎帝，据传出生于烈山，所以炎帝之后又称烈山氏；黄帝是轩辕氏部落首领的称号，姓公孙，生于轩辕之丘，故称为轩辕氏，又因建国于有熊（今河南新郑），所以亦被称为有熊氏。

　　传说九黎族首领蚩尤与炎帝部族发生了冲突，击败了炎帝部族，并占据了他们所居住的"九隅"，即"九州"。炎帝部族为了生存，就向黄帝部族求援，黄帝大败蚩尤于涿鹿，擒杀了蚩尤。涿鹿之战之后，炎、黄二帝因权力之争，战于阪泉之野。经过三场恶战，黄帝得胜，炎黄两个氏族遂合并为华夏族。从此，黄帝成为天下共主，实现了第一次大一统。传说黄帝在位时间很长，并有许多发明和创造，如文字、音乐、历数、宫室、舟车、衣裳和指南车等。尧、舜、禹、汤等均是黄帝的后裔，所以炎黄二帝被奉为华夏族的始祖，由此引申称今天的中华民族为炎黄子孙。

tuī wèi ràng guó　　yáo shùn gōng tīng
推位让国，尧舜公听，
yǔ shuǐ lì dǎo　　xià qǐ sī yíng
禹水利导，夏启私营。

【注释】 推位：让位给。　公听：听从大家的意见。
利导：因势利导。

尧、舜、禹是黄帝以后黄河流域部落联盟的杰出首领。相传，黄帝的王位传到尧舜时期，仍然保留着氏族民主制度，天下是大家的，谁的能力强就推选谁任首领。当尧为首领时，天下暴发大洪水，尧派夏部落的鲧去治水，鲧用堵截的方法治了9年，没有成功。后来尧年老将王位禅让给能力强的舜（即传说中的"尧舜禅让"），舜让鲧的儿子禹治水，禹用疏导的方法将洪水制服。舜老了便将王位让给治水有功的禹。禹在年老时将王位传给伯益，但同时在暗中培养自己的儿子启的势力，后来启将伯益杀死，继承了禹的王位，建立了中华民族第一个王朝——夏（约公元前2070年）。从此，由"天下为公"（即以能力强为标准的禅让制）转变为"天下为家"（即以位传子孙的世袭制），开始了中国历史上4 000多年的"天下为君"的专制集权王朝统治时期。

107

shāng tāng fù xià　　　jiǎ gǔ wén míng
商汤覆夏，甲骨文铭，

wǔ wáng fá zhòu　　　shàng dì zhōu yìng
武王伐纣，上帝周应。

【注释】覆：颠覆，灭亡。　铭：在器物上刻字。
应：应承。

　　夏朝建立后，开启了王位世袭制度。夏朝共传了大约 14 代 17 位王，约 470 年后，于公元前 1600 年被商汤所灭。商朝定都于殷，又称殷商。河南安阳出土的商代文字——刻在龟甲兽骨上的甲骨文，是中国已发现的古代文字中年代最早、体系较为完整的文字。甲骨文使我们对商朝历史了解得更为详细，被视为中华文明开启的标志。周是一个古老的部落，周的祖先曾做过夏的农官。商朝时期，周在今天的陕西、山西一带建立了政权。后来，商朝为了限制周的发展，杀了周王季历。季历的儿子昌（周文王）继位后，治理周五十年，并打出禹的旗号，称周在部落神"上帝"那里得到眷顾，周的天命是"上帝"抛弃商而让周来代替的。周文王死后，其儿子发（周武王）继位。公元前 1046 年，周武王率军队进攻商。此时，商纣王却在大造鹿台，迷恋歌舞。面对周军的讨伐，商纣王仓促应战，大败后逃回鹿台自焚而亡。商朝经过约 600 年后，终于因商纣王的暴政而被周推翻。商朝灭亡，武王建立周朝。周朝分为西周和东周两个时期，其中东周时期又分为春秋和战国两个部分。

　　"上帝"本是商朝人尊崇的部落神，周人借用来作为自己讨伐商的宣传工具，从此"上帝"由部落神成为中国的至上神称呼。

zhōu gōng zhì lǐ　　jiàn guó fēn fēng
周 公 制 礼，　建 国 分 封，
lǐ bēng yuè huài　　zhàn luàn pín réng
礼 崩 乐 坏，　战 乱 频 仍。

【注释】

崩：毁坏，败坏。

仍：频繁。

　　周公是周文王的儿子，周武王的弟弟，姓姬，名旦。因姬旦分封得到的采邑在周，所以被称为周公，后人也称其为周公旦。周武王临终前让周公继位，而周公立周武王的幼子为周成王，自己称摄政王。不久武王的另两个弟弟勾结纣王的儿子武庚，并联合东夷部族反叛周朝。周公奉成王命令率军东征，三年平定了叛乱，征服了东方诸国。之后周公建议成王在东部营建新都洛邑（今河南洛阳），加强对东方的统治，并实行大规模的分封制，即"封建"。周公还在殷礼的基础上，制定了礼乐制度。"礼"规定了人与人之间的尊卑等级关系；"乐"是指通过音乐的教化作用，缓解社会矛盾。公元前770年，太子平王即位后将都城由镐京迁到洛邑。史称这次东迁以前的周朝为西周，东迁以后的周朝为东周。此时，东周王朝只保有天下共主的名义，却失去了控制各地诸侯的能力，诸侯各自为政，整个国家瓦解成140多个小诸侯国，各诸侯滥用天子之礼，打着天子的旗号争霸天下，历史进入了一个天下大乱的时代——春秋战国时代（前770—前221），周家王室名存实亡。春秋战国时期合称东周时期。

109

gāo àn wéi gǔ　　shēn gǔ wéi líng
高岸为谷，深谷为陵，
chūn qiū shè jì　　bà yè fēn gēng
春秋社稷，霸业分更。

【注释】 社稷：原为谷神，后指国家。

　　"高岸为谷，深谷为陵"出自《诗经·小雅·十月之交》。意思是原来的高山成为谷底，原来的深谷变成高地，在这里用来比喻春秋战国时期社会翻天覆地的变化。春秋战国时期，天下大乱，众多诸侯国之间频繁地进行着战争兼并。这一时期是中国历史上社会经济急剧变化，局面错综复杂，战争层出不穷，学术学说异彩纷呈的一个变革时期，是中华古代文明逐渐递嬗为中世纪文明的过渡时期。在动乱中原有的贵族可能成为平民，新的霸主又出现的现象屡见不鲜，社稷和霸主地位变化无常。

　　"春秋战国"这个称谓来源于春秋和战国两部分，在中国上古时期，春季和秋季是诸侯朝觐王室的时节。另外，春秋在古代也代表一年四季。而史书记载的都是一年四季中发生的大事，因此"春秋"是史书的统称。而鲁国史书的正式名称就是"春秋"。战国的来源是《战国策》，是国别体的史书。因此，东周这段历史被称为春秋战国。

110

wò xīn cháng dǎn

卧 薪 尝 胆 ，

wú wáng yuè xīng

吴 亡 越 兴 ，

cái shén zhū gōng

财 神 朱 公 ，

sūn wǔ bīng shèng

孙 武 兵 圣 。

注释　薪：柴草。　胆：胆囊，器官。

　　春秋时期，吴越爆发战争，越国战败投降。越王勾践夫妇和大臣范蠡被俘虏到吴国服役，住在破屋的柴草堆里，为吴王夫差养马。为了东山再起，越王他们假装彻底臣服，极力讨好夫差，夫差信以为真，三年后释放勾践夫妇和范蠡回国。勾践回到越国后，每天仍然穿着破布衣服，睡在柴草堆里，并在房间里悬挂一个苦胆，吃饭前先尝一下苦胆，以提示自己不要忘记过去的耻辱。他不吃鱼和肉，和老百姓一起耕作，努力发展壮大越国。同时，他还采用文种和范蠡的建议，用为吴国提供粮食、木材等很多办法来麻痹吴王，并将美女西施献给吴王，最后乘机灭亡了吴国。

　　范蠡帮助勾践战胜吴国，实现了复国理想之后，急流勇退辞官到了当时的商业中心陶定居，自称"朱公"，人们称他"陶朱公"。他在这里经营商业，在19年内三次赚了千金之多，成为巨富。但他仗义疏财，从事各种公益事业，由此获得"富而行其德"的美名，并被民众尊为财神，成为几千年来中国商业的楷模。

　　公元前545年，孙武出生于齐国，齐国内乱时，孙武离家到了吴国，并在吴国军队当了几年兵，受伤退伍后在姑苏的一个小山村里潜心研究兵法，写出千古名篇《孙子兵法》，提出"不战而屈人之兵"、"知彼知己，百战不殆"等伟大的作战指导思想。后来，孙武被伍子胥推荐给吴王阖闾。孙武率领吴军分别战胜了楚军和晋军，使吴国成为春秋末期的强国之一。今天，《孙子兵法》已经成为许多国家的军事教材，并引申在商业领域中成为经典。

111

dí móu jiān bìng　　zhàn guó qī xióng
敌侔兼并，　　战国七雄，
zhēng fēng bǎi hé　　hé zòng lián héng
争锋捭阖，　　合纵连横。

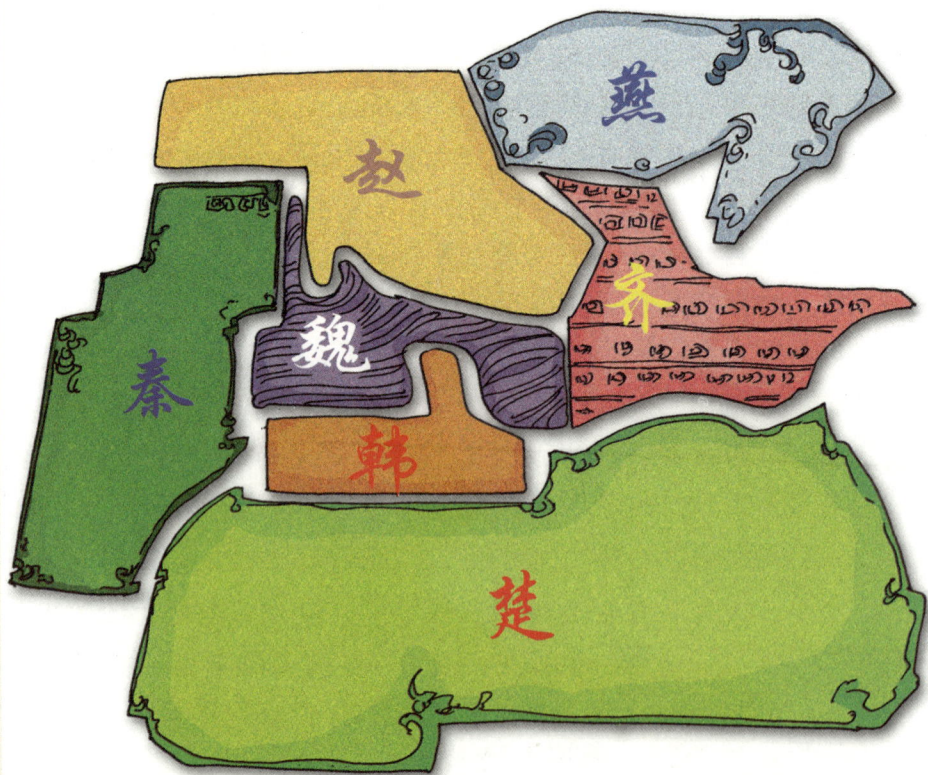

【注释】 侔：同"牟"，谋取，求。 捭：开的意思，敞开心怀积极行动。
阖：闭的意思，取封闭形态。

公元前476年，经过近300年的春秋列国争霸，最终演变成几个大国进行争夺的局面，中国历史进入战国时代。剩下来的有七个大国和几个小的国家，这七个大国是齐、楚、燕、韩、赵、魏、秦，被称为"战国七雄"。七国为了应付兼并变化，在之后的200多年里，纷纷采取变法强国，同时对外明争暗斗，波诡云谲，合纵连横，战争不断。

合纵连横简称"纵横"，是战国时期纵横家所宣扬并推行的外交和军事政策。战国中期，齐、秦两国最为强大，东西对峙，互相拉拢，争取盟国。其他五国也不甘示弱，分别与齐、秦两国时而对抗，时而联合，出现了合纵和连横的斗争。当时最著名的纵横家为苏秦、张仪、公孙衍。最初，合纵与连横变化无常。苏秦、张仪、公孙衍等人游说于各个国家，合纵既可以对齐，又可以对秦；连横既可以联秦，也可以联齐，这就是所谓"朝秦暮楚"。后来，因为秦国的势力不断强大起来，成为东方六国的共同威胁，于是合纵成为六国合力抵抗强秦，连横则是六国分别与秦国联盟，以求秦的偏护。而秦国的连横活动，目的是为了破坏六国间的合纵，以便孤立各国，各个击破。最终，秦国消灭了其他六国，统一了中国。

zhū zǐ fēng qǐ　　bǎi jiā zhēng míng
诸子蜂起，百家争鸣，
shì rén jiē zuì　　qū yuán dú xǐng
世人皆醉，屈原独醒。

【注释】
诸：众，多。
蜂起：成群地出现。

春秋战国时期天下大乱，出现了一个中国历史上少有的对人们言论和思想没有束缚的时代，加之各国极力网罗人才辅助君王称霸，使平民百姓以一家之言影响一国之强成为可能。等级制度瓦解，有些平民通过经商或其他机会致富，甚至成为政治集团中举足轻重的人物。在如此重能力和思想自由的大环境中，产生了老子、孔子、墨子等诸子百家，史称"百家争鸣"。这是中国思想、学术发展的黄金时期，是中国历史上最为群星灿烂的时代，并一直影响着2 000多年后今天中国人的思想。

战国时期出现了一位伟大的爱国者和诗人——楚国大夫屈原（约前340—前278）。屈原深深忧虑自己国家的衰亡，忠心于楚怀王，主张联齐抗秦。因反对楚怀王与秦国订立黄棘之盟，遭排挤被流放。怀王死后又因楚襄王听信谗言，屈原再次被流放。当他得知楚国放弃与其他国家联合而亲近秦国，觉得楚国不久将被秦国吞并，非常痛心，认为世上的人都头脑糊涂不清如醉了一样。公元前278年，秦国大将白起带兵南下攻破楚国国都。屈原得知后，对前途感到绝望，虽有心报国，却无力回天，只得以死明志，就在同年五月投汨罗江自杀而亡。后人特用端午节来缅怀这位伟大的爱国者。

113

wén shī sù yuán　　chǔ cí shī jīng
文 诗 溯 源 ， 楚 辞 诗 经 ，
nán sāo āi yuàn　　běi fēng chún qīng
南 骚 哀 怨 ， 北 风 淳 清 。

溯源：追溯源头。

淳：朴实、敦厚。

中国古典诗歌的源头是"诗骚"。"诗"就是"诗三百"，即《诗经》。"骚"是指以屈原的作品《离骚》为代表的楚辞。

伟大的浪漫主义诗人屈原以当时楚国民歌为基础，并提炼诸子散文的语言，融入诗歌，开创了楚辞这一崭新的形式。屈原在被流放时，对国家前途的焦虑和自己满怀救国热情却被冷落的现实状况心怀伤感和绝望，写出《离骚》、《九歌》、《天问》等楚辞代表作品，在诗坛上开辟了一代新风。楚辞以向天叩问探究宇宙人生之理，以浪漫的咏叹袒露哀怨、多思、感伤的情怀。"骚"是多愁善感的意思，深情、哀怨与往复成为楚辞的特征。因此后人李白有"正声何微茫，哀怨起骚人"的诗句。楚辞主要流行于当时的南方地区，所以有"南骚"之称。

《诗经》是我国历史上第一部诗歌总集，共收录作品305篇。《诗经》有"六义"，指的是风、雅、颂、赋、比、兴。"风、雅、颂"是指内容，"风"是民间地方歌谣，"雅"是中央所在地的乐调，"颂"是祭祀的歌乐。"赋、比、兴"说的是写作手法，"赋"是直接铺陈叙述，"比"是比喻，"兴"是指兼有比喻、象征、烘托的思绪自由飘移和联想。《诗经》主要流行于当时的北方地区，所以有"北风"之称。

从审美角度看，北风是庙堂的、民俗的、清淳的；南骚是自我的、艺术的、哀怨的。《诗经·国风》与《楚辞·离骚》也被合称为"风骚"，成为中国诗歌史乃至中国文学的源头。

114

dào jiā qí tóng　　lǎo zhuāng hé chēng

道家齐同，老庄合称，

dà yīn xī shēng　　dà xiàng wú xíng

大音希声，大象无形。

[注释] 象：即"道"，宇宙万物的本原。

　　老子（约前571—前471），姓李，名耳，字伯阳，谥号聃，春秋末期楚国人，中国古代最伟大的思想家、哲学家之一，道家学派的创始人，被尊为道祖，被唐皇武后封为太上老君。老子做过周朝守藏室的史官，掌管东周王室的史书典籍，见闻广博，熟悉各种典章制度。约公元前499年，周王室发生争王位内战，典籍被抢，老子归乡，后在隐阳山中发奋著书。公元前478年，楚陈发生战争，手稿被乱兵烧毁，为此老子大病一场，之后向函谷关西行。守关的尹喜恳请老子写部书留给世人，于是老子洋洋洒洒写了五千字后绝尘而去。这五千字的著作就是《老子》，也称《道德经》，后成为道家的经典。庄子（约前369—前286），名周，战国时期伟大的思想家、哲学家和文学家，著有《庄子》一书，主张"天地与我并生，万物与我为一"的齐同万物思想。庄子发展了老子的道家学说，其著作将《老子》的简约哲言具体化为生动的哲理故事，想象超常，文采浪漫，为最经典的散文作品之一，使道家成为对后世影响深远的哲学流派。所以，后人把老子与庄子合称"老庄"。

　　道家认为宇宙万物都有一个共同的本原，即"道"或"无"，主张崇尚自然，追求逍遥无待，去人力而推自然之力。"道法自然"、"清静无为"等精妙哲理是道教教理、教义的根源。"大音希声，大象无形"是对"道"或"无"的一种参悟，是一种艺术和美的最高境界，表明自然朴素而没有任何人为痕迹的本真境界才是最完美的。

rú   jiā   zhì   zhōu   kǒng   mèng   lì   zōng
儒　家　智　周，　孔　孟　立　宗，
xué   yōu   zé   shì   guó   zhì   tài   píng
学　优　则　仕，　国　治　太　平。

注释　智周：完善智力，理解万物。

　　儒家是中国最有影响力的学派，其学说源于周礼，创始人为春秋战国时期的孔子（前551—前479）。孔子名丘，字仲尼，中国古代伟大的教育家、思想家。孔子少年习武好学，20岁为贵族家臣，热衷政治，但难如愿。30岁招收学生讲学，50多岁到鲁国任官，后来被"三桓"驱逐离开鲁国，此时55岁的孔子开始带领弟子周游列国，但不得志，遂于公元前484年再次回到鲁国全心授徒。相传孔子有弟子三千，贤弟子七十二人。孔子提出"学而不厌，诲人不倦"、"三人行，必有吾师焉"、"有教无类"、"因材施教"等伟大的教育思想。孔子非常崇拜周公和周礼，曾向老子请教，编修周朝的典册《诗》、《书》，定《礼》、《乐》，序《周易》，作《春秋》，作为讲学教材。孔子修编的典籍后来成为儒家经典（"六经"）。孔子开创了儒家学派，其主要思想言论由弟子们记载于《论语》中。

　　孟子（前372—前289），名轲，他继承和发扬了孔子的儒家学说，成为仅次于孔子的一代儒家宗师，有"亚圣"之称，主张民贵君轻的仁政思想，著《孟子》流传后世，与孔子合称为"孔孟"。

　　儒家的核心是"礼"和"仁"，主张"克己复礼"、"仁爱"、"忠恕"、"中庸"，以遵从严格的等级制度和人心的自我规范来实现社会安定，以"学而优则仕"和"修身齐家治国平天下"为理想。

116

shāng yāng biàn fǎ　　　ruò qín qiáng shèng
商 鞅 变 法， 弱 秦 强 盛，
shǐ chēng huáng dì　　　qín wáng yíng zhèng
始 称 皇 帝， 秦 王 嬴 政。

【注释】变法：指自上而下地对国家法令、制度等作重大变革。

商鞅（约前390—前338），原为卫国国君的后裔，公孙氏，故称为卫鞅，又称公孙鞅，后受封于商，后人称之为商鞅。商鞅是战国时期的政治家，法家著名代表人物。商鞅年轻时喜欢研究刑法，在魏相公叔痤门下任中庶子。公叔痤临终前将商鞅推荐给魏惠王，但惠王并不重用他。商鞅听说秦孝公下令求贤，便带着李悝的《法经》来到秦国，孝公任命商鞅为左庶长，下令变法。商鞅执法不分贵贱，令行禁止，于是治国新法政令畅通，秦国国势蒸蒸日上。公元前350年，秦孝公从雍（今陕西凤翔）迁都咸阳，并第二次下变法令，使秦国由战国七雄中最为弱小的国家逐渐发展成为强大的国家，为秦国吞并其余六国打下了基础。但商鞅因严格执法引起秦国贵族的怨恨。公元前338年，孝公死后，太子秦惠王继位，商鞅被车裂灭族。公元前247年，秦王嬴政13岁即位，其后秦国利用强大国力，自公元前230年开始，先后灭韩、赵、魏、楚、燕、齐六国，于公元前221年统一了中国，建立秦朝，嬴政自创"皇帝"称谓，称始皇帝。秦朝结束了自春秋起五百年来分裂割据的局面，成为中国历史上第一个统一的、多民族的、中央集权制国家。

zhù lián cháng chéng　　jùn xiàn dài fēng
筑　连　长　城　，　郡　县　代　封　，
tóng wén děng guǐ　　tōng bì dù héng
同　文　等　轨　，　通　币　度　衡　。

【注释】　郡：行政区域，秦朝前小于县，秦朝后大于县。

公元前221年，秦王嬴政统一中国后，实施了一系列的统一改革。将原来周朝遗留的分封制改为郡县制，地方行政机构分郡、县两级，郡县主要官吏由中央任免。秦始皇还下令让李斯等人进行文字的整理、统一工作。李斯以战国时候秦人通用的大篆为基础，汲取齐鲁等地通行的蝌蚪文笔画简省的优点，创造出一种形体匀圆齐整、笔画简略的新文字，称为"秦篆"，又称"小篆"，作为官方规范文字，同时废除其他文字。此时，一位叫程邈的衙吏因犯罪被关进云阳的监狱，在坐牢的十年中，他对当时字体的演变中出现的变化（后世称为"隶变"）进行了总结，受到秦始皇的赏识，遂被释放并被提升为御史，受命"定书"，创造出一种新字体，这便是"隶书"。隶书打破了古体汉字的传统，奠定了楷书的基础，提高了书写效率。同时，秦始皇还下令在全国统一货币、度量衡和车轮间的距离等。为防御匈奴的侵扰，秦始皇还下令把原来各国之间的长城拆除，再把原来秦、赵、燕三国北边的长城连接起来。秦朝花费了大量人力财力，给我们留下了举世闻名的万里长城。秦始皇实施的这些措施对其后中国封建社会的经济、文化、军事发展产生了极为深远的影响，长城也成为今天中华民族的一个象征。

118

fén shū kēng rú　　fǎ jiā kù xíng
焚书坑儒，法家酷刑，
nóng mín qǐ yì　　chén wú shǒu lǐng
农民起义，陈吴首领。

【注释】 焚：火烧。

　　公元前213年，秦始皇在咸阳宫大宴群臣，博士淳于越重新提出效法古人恢复分封制的主张。丞相李斯认为这些主张不利于现行政令的贯彻执行，因此建议：凡《秦纪》以外，列国史书皆焚毁。秦始皇批准了李斯焚书的建议。次年，秦始皇命令方士卢生、侯生等寻求"不死之药"，因未得到这种长生不死药，于是卢生、侯生等密谋弃官逃走。秦始皇闻讯大怒，认为儒生们多以妖言惑乱黔首，下令御史立案调查诸儒生，使儒生相互揭发。受牵连的儒生达460多人，都在咸阳附近被活埋杀害。

　　公元前210年，秦始皇病死于南巡途中，其子胡亥在赵高和李斯的帮助下，下假诏书让戍边的哥哥扶苏自尽，自己继位为帝，即秦二世。公元前209年，秦二世下令征发淮河流域的900名贫民去防守渔阳（今北京密云）。当他们走到蕲县大泽乡时，天下大雨，不能如期赶到渔阳。按照秦法，延误了期限就要全部被处死。于是，大家推举农民陈胜为将军，吴广为都尉，发动了中国历史上第一次农民大起义。之后，各地六国旧势力纷纷响应，项羽与刘邦分别加入反秦队伍，并成为攻秦主力。公元前207年，胡亥被赵高逼迫自杀。汉元年（前206）十月，刘邦率军队攻打咸阳，继位只有40多天的子婴出城向刘邦投降，秦朝灭亡，子婴后来为项羽军队所杀。

119

xiàng yǔ liú bāng　　chǔ hàn xiāng zhēng

项羽刘邦， 楚汉相争，

kuà xià rěn rǔ　　hán xìn zhì hóng

胯下忍辱， 韩信志鸿。

【注释】 鸿：广博，大。

项羽（前232—前202）和刘邦（前256—前195）联合推翻秦国后，天下陷入群龙无首的局面。初期刘邦势力不敌项羽，但他韬光养晦，冒险赴鸿门宴，忍气退军汉中，并火烧栈道消除项羽疑虑。待时机成熟后，刘邦拜韩信为大将军，明修栈道，暗度陈仓，于公元前205年公开声讨西楚霸王项羽，发动了长达四年的楚汉战争。最终，刘邦因知人善任，重用萧何、张良、韩信、彭越、英布等人才，于公元前202年率五十万大军将项羽十万军队围困于垓下，再命军队四面唱楚歌以扰乱楚军人心，跟随项羽的虞姬自刎，霸王项羽别姬后率精锐突围逃到乌江岸边，觉得无脸面见江东父老，拔剑自刎身亡。平民出身的刘邦战胜了项羽，于公元前202年二月称帝，创立了汉朝，建都长安。

韩信（约前231—前196），西汉开国功臣，为建立汉朝立下汗马功劳，中国古代著名战略军事家。韩信出身平民，曾有个年轻人侮辱韩信，说如果韩信不敢用剑刺他，就要从其胯下爬过去。韩信当着许多人的面，从其胯下爬过，此举被后人称为"胯下之辱"。据传，后来韩信被封地楚国后，曾召见当年让他从胯下爬过去的人，封其为中尉，并且告诉诸将说："当他侮辱我时，我杀了他也不会扬名，所以就忍了下来，这才有了今天的成就。"

120

huà bèi cǎo mù　　lài jí bǎi xìng
化 被 草 木 ， 赖 及 百 姓 ，
wú wéi ér zhì　　hàn dì wén jǐng
无 为 而 治 ， 汉 帝 文 景 。

【注释】化：造化，孕育。　被：遮盖，通"披"。
赖：有利于，恩惠。

　　西汉汉文帝刘恒、汉景帝刘启统治时期（前179—前141），采取"轻徭薄赋"、"与民休息"等政策，百姓生活富足，人口迅速增加，国力强盛，社会出现了多年未有的稳定富裕的景象，史称"文景之治"。

　　文、景二帝仁慈恭俭，笃信黄老，实行无为而治，以清静不扰民为政策，多次减免田租，对周边敌对国家也不轻易出兵，以免耗损国力。文帝即位不久，就废止诽谤妖言之罪，使臣下能大胆提出不同的意见；下诏声明百官的错误和罪过皇帝也要负责；禁止祠官为皇帝祝福，并屡次下诏禁止郡国贡献奇珍异物。他所宠爱的慎夫人衣不曳地，帷帐不施文绣。文帝曾想建造一座露台，听说要花费百金，等于中等户十家之产，于是作罢。文帝在位23年，宫室苑囿，车骑服御之物都没有增添。因为文帝提倡俭约，所以当时的国家财政开支有所节制和缩减，贵族官僚也不敢滥肆搜刮和奢侈无度，从而极大地减轻了民众的负担，使流民还归田园，户口迅速繁息，生活富实，国力强盛，国家和百姓都很富庶。传说太仓里的粮食太多，已经腐烂而不可食；京师的钱财充足，连串钱的绳子都朽断了。在文、景两代帝王的统治下，社会经济获得显著的发展，封建统治秩序也日臻巩固，出现了中国皇权专制社会的第一个盛世，也为汉武帝的文治武功奠定了基础。文景二帝成为中国历史上亲民君主的典范。

wǔ dì liú chè　　wén zhì wǔ gōng
武帝刘彻，文治武功，
bà chù bǎi jiā　　rú shù dú lìng
罢黜百家，儒术独令。

【注释】 罢黜：废除，不用。

汉武帝刘彻（前157—前87），幼名刘彘，是汉朝的第五代皇帝，景帝刘启的第十个儿子，文帝刘恒的孙子，高祖刘邦的曾孙。公元前140年，16岁的汉武帝登基。继位之初，这位少年皇帝接连三次下诏，向天下有识之士策问古今治乱之道和天人关系等。曾任景帝博士的董仲舒三次上书对策（即所谓的"天人三策"）——主张以"孔子之术"来保持思想、政治和法制的统一，禁止其他学说"并进"。武帝采纳董仲舒之策，弘扬儒学，立五经博士（专门研究《诗》、《书》、《礼》、《易》、《春秋》），并在首都长安建立太学教授五经，选拔官吏。儒学从此成为官学和显学。

汉武帝对外采取软硬兼施的手段，对匈奴正式宣战，先后派李广、卫青、霍去病征伐匈奴，扩张了西域版图，同时消灭了南方的夜郎、南越政权，并且派张骞出使西域。在东北方，他派兵灭卫氏朝鲜（今朝鲜北部），大汉帝国的版图至此基本稳固成形。由于连年对匈奴和西域用兵及挥霍无度，徭役加重，致使大量农民家破流亡。老年时的汉武帝也感到自己有过错，于是在轮台颁下《轮台罪己诏》表示承认自己的错误，天下重归和谐，为昭宣中兴的盛世奠定了基础。汉武帝在位54年，他的雄才大略、文治武功使汉朝成为当时世界上最强大的国家。

122

qiān shǐ gù shū　　tuō zàn bāo píng
迁 史 固 书，托 赞 褒 评，
sī chóu gǔ lù　　zhāng qiān záo kōng
丝 绸 古 路，张 骞 凿 空。

【注释】 凿空：古代称对未知领域探险，凿为开，空为通。

司马迁（前145—前87），字子长，夏阳（今陕西韩城）人，西汉伟大的史学家、思想家、文学家。司马迁生于史官世家，10岁起诵读"古文"，19岁即为补博士子弟，20岁时开始游历四方，开阔眼界。父亲司马谈死后，司马迁继任父职为太史令。公元前99年，因司马迁客观评价投降匈奴的李陵，被汉武帝下令判为死罪，以腐刑代替。司马迁忍辱熬过六年的监狱生活，之后埋首奋发著述，完成了"究天人之际，通古今之变，成一家之言"的巨著——《史记》，开创了纪传体的历史，同时也开创了传记文学，影响深远。

班固（32—92），东汉著名史学家、文学家。9岁诵读诗赋，13岁得到当时学者王充的赏识，建武二十三年（47）前后入洛阳太学。后来，班固在父亲班彪续补的《史记》之作《后传》的基础上，编写出我国第一部断代史——《汉书》。

《史记》各篇之后大都有"太史公曰"，《汉书》各篇之后大都有"赞曰"，用简练的文辞进行总结，其中有褒扬，也有批评。

张骞（约前164—前114），是古丝绸之路的开辟者，曾两次被汉武帝派遣出使西域，打通了汉朝和西域的文化经济交流渠道，促进了与欧洲、非洲和亚洲各国的友好往来。

cài lún zào zhǐ　　zhì yí zhāng héng
蔡伦造纸，制仪张衡，
huà tuó má fèi　　shāng hán zhòng jǐng
华佗麻沸，伤寒仲景。

伤寒：一种由伤寒杆菌引起的急性传染病。

　　蔡伦（？—121），字敬仲。汉和帝时，蔡伦任中常侍，后升任尚方令，负责监督宫廷物品的制作。在此期间，他总结了西汉以来的造纸经验，改进造纸工艺，制成了适合书写的植物纤维纸，受到汉和帝的称赞。后来，蔡伦被封为"龙亭侯"（封地在今陕西洋县），由他监制的纸因此被称为"蔡侯纸"。

　　张衡（78—139），字平子，南阳西鄂人，东汉时期伟大的天文学家、地理学家、制图学家、诗人。张衡观测并记录了2 500颗恒星，创制了用水力推动演示天体星球运转的浑天仪。为了纪念张衡，人们将月球背面的一座环形山命名为"张衡环形山"，将小行星1802命名为"张衡小行星"。

　　华佗（145—208），字元化，今安徽亳县人。华佗年轻时，多次谢绝被推荐做官，专心研习医学，尤其擅长外科。他制成了一种麻醉药剂，名叫麻沸散，这使华佗在当时能够做缝合一类的外科手术。华佗还很重视锻炼身体以预防疾病，创造了"五禽戏"。后华佗因为不愿做同乡曹操的侍医而被其杀害。

　　张仲景（约150—215），名机，字仲景，南阳郡涅阳人，自幼喜欢研习医学。当他做长沙太守时，伤寒病猖獗，当地百姓深为疫疾所苦，于是他择定每月初一和十五两天，坐在大堂上为百姓治病（即"坐堂医生"称呼的由来）。东汉末年张仲景隐居于山林之中，写成了临床医学名著——《伤寒杂病论》，被奉为"方书之祖"，张仲景被后人称为"医圣"。

124

qī huàn gān zhèng　　hàn shì jiàn qīng
戚宦干政，汉室渐倾，
jiǎo shù huáng jīn　　bā zhōu xiāng jìng
角束黄巾，八州相竞。

【注释】　戚：亲属关系。　宦：太监。　干：干涉。

公元前87年，汉武帝去世，年仅8岁的昭帝刘弗陵即位，大司马大将军霍光等大臣按武帝遗诏辅政，霍光女儿成为昭帝皇后后，形成了霍光一人独揽大权的摄政局面，开启了外戚干政的先例，汉朝逐渐走向衰落。期间，汉宣帝略有建树，一度促成了小康中兴的局面，汉元帝以宫人王昭君和亲匈奴呼韩邪单于，使匈奴和汉朝和睦相处了半个多世纪。到公元9年，外戚王莽夺得政权，西汉灭亡，王莽自立为皇帝，改国号为新。公元23年，赤眉绿林军攻入长安，王莽被杀，新朝灭亡。公元25年，刘秀击败绿林军，随后称帝，建立东汉（25—220），又称后汉。刘秀在位期间，进行了一系列的改革，出现了"光武中兴"的繁荣局面。但自和帝起，皇帝都是年幼即位，外戚势力与宦官横行朝堂，朝政日益衰败。184年，爆发了以太平道创始人张角为首的"黄巾起义"，一个月内，全国八州都发生战事，黄巾军势如破竹，州郡失守、吏士逃亡，震惊朝野。虽然最后起义被镇压下去，但在这次起义的打击下，东汉王朝已名存实亡。公元220年，汉献帝被迫把皇位让给曹操的儿子曹丕，东汉灭亡，中国历史又进入了一个长期分裂的时期——三国时期。

125

乱世枭雄，汉魏曹公，
鞠躬尽瘁，诸葛孔明。

【注释】 枭雄：指强横而有野心之人，"枭"是一种凶猛的鸟，
引申为勇猛难制服。

曹操（155—220），字孟德，汉魏之际著名的政治家、军事家和诗人。东汉末年，在镇压黄巾起义及讨伐董卓的混战中，逐渐形成了地方军阀的割据局势。曹操文韬武略，在地方军阀混战中脱颖而出，并把汉献帝控制在手中，挟天子以令诸侯，陆续歼灭袁绍等势力，统一了北方，成为一代枭雄。曹操在戎马生涯中，钟爱文学，除著有《孙子略解》、《兵书接要》等军事著作外，还留下《观沧海》、《龟虽寿》等不朽诗篇。曹操的诗歌，极受乐府影响，但他虽用乐府旧题，却不因袭古意，自辟新蹊，文辞简朴，直抒襟怀，慷慨悲凉而沉郁雄健，开启了以风骨著称的建安文学新风，直接影响后来以杜甫、白居易等人为代表的唐代诗风。曹操是中国历史上最具争议的人物之一。

曹操统一北方后，任东汉丞相，挥师南下，试图一统天下，就在此时，他遇见了劲敌诸葛亮。诸葛亮（181—234），字孔明，号卧龙，杰出的政治家、军事家、战略家、散文家、外交家。他忠心耿耿地辅佐刘备父子，凭借其足智多谋，使蜀由一股弱小的势力，辗转成为与魏、吴三分天下的帝国。

126

cái huá héng yì　　zhōu yú yīng míng
才 华 横 溢 ，　周 瑜 英 名 ，
chì bì zhī zhàn　　sān guó ruò dǐng
赤 壁 之 战 ，　三 国 若 鼎 。

【注释】 赤壁：考古认为在今湖北省蒲圻县西北，长江南岸。

鼎：古代煮东西的器物，一般有三足；借指王位，帝业。

周瑜（175—210），字公瑾，庐江舒县（今安徽庐江西南）人，出身士族，东汉末年三国时期著名的军事家。东汉建安十三年（208）冬，曹操亲率 20 万大军进攻东吴，周瑜竭诚尽智辅佐孙权，反对归顺曹操，提出联合刘备抗曹，策划并指挥了"赤壁之战"，火攻曹军，使赤壁之战成为中国历史上著名的以少胜多的战役。这一战役直接促成了魏、蜀、吴三国鼎立的局面。之后，周瑜进一步向孙权献策以图更大发展，但是在出征前染病而亡，年仅 36 岁。周瑜一生征战，有强烈的进取精神和横行天下的抱负。他少年得志，英俊潇洒，人称"周郎"；他文采超群，精于音乐，即使在酒后，仍能听出演奏中的细微疏失，每听到演奏有误，他总要转头看一看，所以当时有"曲有误，周郎顾"的谣谚；他多谋善断，胸襟广阔，以德服人。当时有个大将军程普曾一度和周瑜关系不好，认为自己年龄比周瑜大，多次欺辱周瑜，而周瑜却始终折节容下，从不跟他一般计较。程普后来感受到周瑜的雍容气度，曾对人说："与周公瑾交往，如同啜饮美酒，不知不觉就醉了！"

三国时期，英雄辈出，但周瑜当数英雄中的英雄。赤壁之战和周瑜其人令后世无数文人骚客感念不已。

cáo pī dài hàn　　shàn ràng jiǎ chēng
曹丕代汉，禅让假称，
xī jìn chéng wèi　　sī mǎ zhuān zhèng
西晋承魏，司马专政。

【注释】 专政：独揽统治管理权。

汉延康元年（220）正月，东汉丞相曹操病逝，其子曹丕逼迫汉献帝刘协让位，对外则宣称献帝禅让帝位给他，并在洛阳登基称帝，即魏文帝，建立魏。曹丕取代汉朝的这种实为篡位而又不想承担篡位的名声，迫使皇帝主动让出皇位假装"禅让"的做法，使"汉魏故事"成了"禅让"的代名词。曹丕称帝后，221年，刘备在成都称帝，立国号汉，世称蜀汉；229年，吴王孙权称帝，建立吴。中国历史进入了三国时期。249年，曹魏重臣司马懿发动高平陵之变，大权尽落于司马氏之手。263年，掌握了军政大权的司马昭下令伐蜀，蜀汉后主刘禅率众在成都出降，蜀汉灭亡。266年，司马昭之子司马炎重演曹丕代汉的假"禅让"故事，废魏帝曹奂，自立为皇帝，改国号为晋，史称西晋。279年，晋武帝司马炎攻打吴国，吴国孙权之孙孙皓不堪一击，于280年投降，吴国灭亡。诗人刘禹锡曾写道："王濬楼船下益州，金陵王气黯然收。"至此，三国鼎立的局势被统一的西晋司马王朝代替，中国再次实现统一。

128

jìn wǔ fēn fēng　　wáng guó jūn xīng

晋　武　分　封，王　国　军　兴，

bā wáng zhī luàn　　jiā shì dāo bīng

八　王　之　乱，家　室　刀　兵。

【注释】 八王：汝南王、楚王、赵王、齐王、长沙王、
成都王、河间王、东海王

晋武帝司马炎为了保持司马氏一统天下的局面，恢复了古代的分封制，大封司马氏宗室二十七人为王，由此种下内乱祸根。被封的王公贵族在各地扩充军队，实施割据。太熙元年（290）晋武帝临终时命车骑将军、杨皇后的父亲杨骏为太傅、大都督，掌管朝政。继立的晋惠帝司马衷有些痴呆低能，即位后，皇后贾南风（即贾后）为了让自己的家族掌握政权，于元康元年（291）与楚王司马玮合谋，发动禁卫军政变，杀死杨骏，而政权却落在汝南王司马亮和元老卫瓘手中。贾后政治野心未能实现，当年六月，又使楚王司马玮杀汝南王司马亮，然后反诬楚王司马玮矫诏擅杀大臣，将司马玮处死。贾后遂执政，于元康九年废太子司马遹。之后，诸王为了争夺中央政权刀兵相见，开始家族性的全国大内战，史称"八王之乱"。这场动乱从291年起共持续了16年，其间父子相残、手足相争，祸国殃民，给社会造成了极大的破坏，西晋最终为其所累，加速了灭亡。在八王之乱中，鲜卑、匈奴等军力曾参与助战，为少数民族进入中原参加混战种下了祸根。此后，民族矛盾爆发，西晋进入"五胡乱华"时期。

wǔ hú luàn huá　　guó liè fēn bēng
五 胡 乱 华 ， 国 裂 纷 崩 ，

nán cháo jīn fěn　　běi wèi chāng shèng
南 朝 金 粉 ， 北 魏 昌 盛 。

[注释] 金粉：戴金和涂抹粉脂，喻指繁华绮丽的生活。

"八王之乱"的爆发，使晋朝廷在地方的影响力大大削弱，边疆胡族借机起兵。304 年，氐族李雄建立了"成汉"，匈奴族的刘渊建立了"前赵"。成汉与前赵的建立，开启了"五胡十六国"时代，这一时期长达 130 多年（304—439）。五胡是指匈奴、羯、鲜卑、氐、羌五个少数民族，他们在北方先后建立了十六个割据政权，北方陷入分裂混战，大批北方人渡江南下。当时掌握朝廷大权的东海王司马越派琅邪王司马睿（司马懿曾孙）到建邺（南京）做镇抚南方的工作。就在此时，匈奴人攻入洛阳，俘虏了西晋的第三个皇帝司马炽，不久又攻入长安俘虏了西晋的第四个皇帝司马邺，西晋完结。于是，司马睿便于 317 年在建邺（南京）称帝，建立了偏安于江南的政权，史称东晋。420 年，东晋将领刘裕推翻东晋建立宋，成为南朝第一个政权。439 年，北方十六国被鲜卑族的拓跋部统一，史称北魏，中国进入了南北朝时期。

南朝宋、齐、梁、陈继承了东晋正统，与先前的吴、东晋共六朝建都南京。这六朝是贵族政治时代，贵族们纵情声色，过着骄奢淫逸的生活，所以后人称当时的南京为"六朝金粉之地"。

南朝金粉，北魏昌盛。由北魏演进的隋朝统一中国已成必然。

130

東晋名士，　右軍兰亭，
dōng jìn míng shì　yòu jūn lán tíng
东晋名士，　右军兰亭，

táo huā yuán lǐ　táo qián jì mèng
桃花源里，　陶潜寄梦。

【注释】 名士：魏晋时期泛指有名的人。

王羲之（303—361），字逸少。原籍琅琊人（今属山东临沂）。官至右军将军，会稽内史，人称"王右军"。他出身于两晋的名门望族。王羲之12岁时由父亲传授笔法论，并向当时著名的女书法家卫夫人学习书法。之后他渡江北游名山，访名师，博采众长。其书法平和自然，笔势委婉含蓄，遒美健秀，被后人誉为"书圣"。他的代表作有：楷书《黄庭经》、草书《十七帖》、行书《兰亭集序》等，其中《兰亭集序》被称为"天下第一行书"。

陶渊明（约365—427），又名潜，字元亮，是东晋末年的诗人、文学家、辞赋家、散文家。陶渊明曾任彭泽县令，因不愿"为五斗米而折腰"，仅任官80多天就辞官回家，作《归去来兮辞》明志，从此"躬耕自资"，直至63岁在贫病交迫中去世。他的作品感情真挚，朴素自然，有时流露出逃避现实、乐天知命的老庄思想。因此，陶渊明有"田园诗人"之称，也是田园诗派的鼻祖。他的诗从内容上可分为饮酒诗、咏怀诗和田园诗三大类，代表作有《饮酒》、《归园田居》、《桃花源记》等。《桃花源记》描写了一群避难的普通人所生活的世外仙界，一片和平、恬静的农耕景象，寄予了一颗对人类热切关爱的心灵和向往清净、朴实生活环境的梦想。

131

xiè gōng shān shuǐ　　yuè fǔ chàng xíng
谢公山水，乐府畅行，
wén xīn diāo lóng　　hán zhāng biāo bǐng
文心雕龙，含章彪炳。

【注释】　含章彪炳：内怀美质而光辉灿烂。

　　谢灵运（385—433），东晋和南朝宋时代的文学家，山水诗派的开创者，出生于浙江上虞，从小寄养在钱塘杜家，故乳名为客儿，世称谢客。又因他是谢玄之孙，18 岁时袭封为康乐公，故又称谢康乐。谢灵运自幼博览群书，又因是名公子孙，自认为应当参与时政机要，但宋文帝并未重用他。于是，谢灵运转而寄情山水，探奇览胜，极大地丰富和开拓了诗的境界。他的诗充满道法自然的精神，使描写山水从玄言诗中独立出来，确立了山水诗的地位，成为中国诗歌发展史上的一个流派。

　　继《诗经》和《楚辞》之后，在汉魏六朝文学史上出现了一种能够配乐歌唱的新诗体，叫做"乐府"。"乐府"本是官署的名称，负责制谱度曲，训练乐工，采辑诗歌民谣以供朝廷祭祀宴享时演唱，并从中观察风土人情，考见政治得失。到了萧梁时代，"乐府"已被转变为一种诗体。广为流传的《木兰诗》就是一首典型的北朝乐府民歌，与南朝民歌中的《孔雀东南飞》合称为"乐府双璧"。

　　《文心雕龙》由刘勰撰编，成书于南朝齐和帝中兴元、二年间（501—502），是中国文学理论批评史上第一部有严密体系的，"体大而虑周"的文学评论专著，首次对中国古代文学进行了系统的总结。作者在总结前人经验的基础上对文学创作提出了自己富于创新的意见，见解精湛透辟，语言精练优美，成就重大。

132

大明历法，要术农经，
dà míng lì fǎ yào shù nóng jīng

崇信浮图，石窟造型。
chóng xìn fú tú shí kū zào xíng

【注释】 浮图：浮屠，对释迦牟尼的称呼。

魏晋南北朝时期，虽然社会动荡不安，但在文学艺术、科学技术方面取得了很多成就。南北朝时期杰出的数学家、天文学家祖冲之，不仅正确地把圆周率推算到小数点后七位，还编制出了新的历法——《大明历》。北魏的贾思勰所著的《齐民要术》，是一部综合性农书，也是世界农学史上最早的专著之一。它系统总结了中国北方的农业技术经验，对中国古代农学的发展产生了重大影响。与此同时，佛教已在中国得到广泛传播，给中国文化加入了许多新鲜的元素。

佛教大约在两汉之际从印度传入中国。三国、两晋、南北朝时期，社会的动荡不安和政治的紊乱不定为佛教的传播奠定了基础。尤其是在南北朝时期，帝王显贵们均崇信佛法，倡导佛教，使佛教的传播更为广泛。随着佛教的兴盛，中国开始大规模地营造石窟。中国最大的几个石窟群，如甘肃的敦煌石窟、山西大同的云冈石窟、河南洛阳的龙门石窟、甘肃天水的麦积山石窟等，均开凿于这一时期。

133

wèi fēn dōng xī　　qí zhōu dài chéng
魏 分 东 西 ， 齐 周 代 承 ，
suí cháo yī tǒng　　tǔ gù nà xīn
隋 朝 一 统 ， 吐 故 纳 新 。

【注释】吐故纳新：抛弃旧的，采纳新的。

　　鲜卑族拓跋部，原为氏族部落联盟阶段的游牧民族，后迁居到盛乐（今内蒙古和林格尔），与曹魏、西晋有所交往。公元338年，拓跋部首领什翼犍建立代政权，逐渐强大起来。公元376年，前秦王苻坚灭亡代政权。淝水之战后，前秦统治瓦解。公元386年，拓跋珪（什翼犍之孙）恢复代政权，后改国号为魏，史称"北魏"。至439年，拓跋焘统一北方，结束了近150年的中原混战，南北朝对峙局面正式形成。

　　534年，北魏分裂成由高欢控制的东魏和宇文泰掌握的西魏。东魏延续16年，演化为北齐；西魏延续21年，演化为北周。577年，北周武帝宇文邕吞并北齐，中国北部再次统一。武帝死后，宣帝宇文赟继位，荒淫暴虐，一年后传位于其子静帝宇文阐，左大丞相杨坚总揽朝政，其女为宣帝皇后。581年，杨坚废静帝自立，建立隋朝，在非常平静中实现了改朝换代。589年，杨坚伐南朝陈成功，统一南北，结束了自东汉末年以来整整400年的大分裂局面，恢复了中国的统一。隋朝建立后，隋文帝杨坚进行了一系列改革，他建立了三省六部制、科举制、户籍制等。科举制使平民百姓可以通过考试步入仕途，扩大了任人唯能的选拔范围，被一直沿用到清朝。隋文帝所进行的改革，削弱了地方豪强势力，加强了中央集权，使国家富足强盛，有"古今国计之富莫如隋"之说。

134

yìn mǎ cháng chéng   sān jià liáo dōng
饮马长城，三驾辽东，
jīng háng yùn hé   fù zhòng guó kōng
京杭运河，赋重国空。

[注释] 驾：起驾，指皇帝、皇后等动身起行。
　　　赋：田地税。

　　杨广（569—618），隋朝第二代皇帝，即隋炀帝，隋文帝杨坚的二儿子。杨广自小好学习，擅长诗文。杨坚建立隋朝后，杨广被封为晋王，年仅13岁。589年，20岁的杨广被拜为隋朝兵马都讨大元帅，统领51万大军南下，进攻富裕、强盛的南朝的陈朝。隋军在杨广的指挥下，纪律严明、英勇善战，一举突破长江天堑。隋军对百姓则"秋毫无犯"，对陈朝库府资财"一无所取"，"天下皆称广以为贤"。杨广帮助父亲完成了统一大业，结束了中国上百年来分裂的局面，也结束了三四百年的战乱时代。604年，隋文帝患重病亡，杨广继位，是为隋炀帝，改年号为大业，在位14年。隋炀帝的一生可以概括为："一统江山"、"营建洛阳"、"修通运河"、"西巡张掖"、"三游江都"、"三驾辽东"。隋炀帝虽不遗余力经营国家，曾远赴西疆，为中国历史上西巡最远的皇帝，但大兴土木并三次远征高句丽使隋耗尽国力，导致百姓不堪重荷，纷纷起义。618年，隋炀帝在江都兵变中被杀，隋朝灭亡。不过，隋炀帝是一位很有才华的诗人，所作的《饮马长城窟行》和《白马篇》等，"气体强大，颇有魏武之风"，成为名篇。隋炀帝的诗文在中国文学史、诗歌史上占有重要地位。

lǐ yuān qǐ bīng　　lì táng fèi gōng
李渊起兵，立唐废恭，
cóng jiàn rú liú　　jìng míng tài zōng
从谏如流，镜明太宗。

[注释] 从谏：君王接受臣下规劝。

617年五月，隋朝太原留守李渊起兵，开始了其推翻隋王朝，建立唐朝的征程。十一月，李渊攻入长安，拥立隋炀帝12岁的孙子陈王杨侑为帝，即隋恭帝，遥尊炀帝为太上皇。618年五月，隋炀帝在江都兵变中被杀，于是李渊逼隋恭帝禅位，改国号为唐，建立唐朝，称为唐高祖。窦皇后所生次子李世民被拜为尚书令、右武侯大将军，进封秦王。之后，李世民东渡黄河平叛刘武周，率兵挺进中原，势如破竹，生擒了窦建德，迫降了王世充，征服了隋末以来势力最强的两个武装领袖，讨平群雄，被高祖任命为"天策上将"。因李世民的威望直接威胁到太子李建成，导致兄弟相残，最后李世民策划"玄武门之变"，杀了哥哥李建成和弟弟李元吉。三天后高祖立李世民为皇太子，两个月后高祖传位于李世民，自称太上皇，李世民继位为唐太宗。第二年年初，唐太宗改元贞观。由此，李世民励精图治，推行均田制，兴修水利设施，轻徭薄赋，选用廉洁的官员。他还善于纳谏，器重敢于面折廷争的谋士——魏徵，并把魏徵比喻成一面镜子，以检测自己的得失和过错，使政治清明，由此开启了大唐盛世。

136

zhēn guān zhī zhì　　jiǔ zhōu fēng yíng
贞 观 之 治 ， 九 州 丰 盈 ，
qiǎn táng shǐ zhě　　chē shuǐ mǎ lóng
遣 唐 使 者 ， 车 水 马 龙 。

[注释] 九州：中国的别称，古代中国人将全国划分为九个区域：冀州、
兖州、青州、徐州、扬州、荆州、梁州、雍州和豫州。

唐太宗李世民亲历隋末的社会大动荡，以隋炀帝杨广的国破家亡为戒，吸取隋末农民起义的教训，在政治上励精图治，实行一系列的开明政策和措施：虚心纳谏，重用魏徵；经营西域，固疆抚夷；减轻徭赋，休养生息；完善科举，平抑门第；重用贤相，吏治清明，使社会出现了安宁昌盛的局面。当时年号为"贞观"（627—649），史称"贞观之治"。这是唐朝的第一个盛世，唐朝成为当时世界上最为文明强盛的国家，首都长安成为世界性的大都会。世界各国的外交使节，络绎不绝地来到大唐。贞观王朝也是中国历史上少有的开放王朝，外国人出入境没有严格的限制，在中国享有和中国人一样的公民权利，不但可以经商，还可从政。一些来自阿拉伯帝国和日本的侨民就有在中国担任官职的，有的还担任部长级高级官员。大唐除了接受大批的外国移民外，还接受一批又一批的外国留学生来中国学习先进文化。日本留学生学成归国后，在日本进行了第一次现代化运动——"大化改新"，也就是中国化运动，上至典章制度、建筑，下至服饰、风俗，全部仿效当时的贞观王朝，使处于奴隶制状态的日本民族凭空跃进了千年。

"贞观之治"为后来的武则天"政启开元"和唐玄宗"开元盛世"奠定了基础。

táng fān hé qīn　　　rù zàng wén chéng
唐藩和亲，入藏文成，
táng lǜ shū yì　　　fǎ xì chū dìng
唐律疏议，法系初订。

【注释】 藩：附属地、附属国。

在我国历史上，有不少以公主或宗室女下嫁番邦国王和亲的事例。唐太宗贞观十五年（641）正月，在吐蕃国王松赞干布的多次请求下，唐太宗将文成公主远嫁吐蕃。文成公主将大唐先进的文化如诗文、农书、佛经、史书、医典、历法等典籍和汉族的碾磨、纺织、陶器、造纸、酿酒等技术工艺传播到吐蕃，对唐蕃的和平友好及文化交流起到了重要作用，成为和亲的典型范例。文成公主也将佛教带到西藏，并设计修建了大昭寺和小昭寺。松赞干布也专门为文成公主修筑了富丽壮观的布达拉宫。永隆元年（680），文成公主逝世，吐蕃王朝为她举行了隆重的葬礼。至今拉萨仍保存着 1 300 多年前藏人为纪念文成公主而为其造的塑像。

《唐律疏议》是唐高宗永徽年间颁布的一部法典，它总结和发展了历代立法的经验，将中国封建立法推向高峰，并对后代的立法产生了极其深远的影响，也对中国周边的日本、高丽、越南等国家古代法典的形成影响深远。

wǔ zhōu nǚ huáng　　míng kōng zhào dēng
武周女皇，明空瞾登，
chán zōng huì néng　　dùn wù jiàn xìng
禅宗慧能，顿悟见性。

禅宗：汉传佛教宗派之一，南朝宋时由印度和尚菩提达摩传入中国，修行方法为静坐默念。

　　武则天（624—705），唐高宗李治的皇后，中宗李显和睿宗李旦的母亲。高宗去世后，武则天相继废掉两个儿子中宗和睿宗，于公元690年的重阳节称帝，改唐为"周"，建立了大周王朝，史称"武周"，自号"圣神皇帝"，成为中国历史上唯一的女皇帝。由于武则天本名武照，字明空，登基后自己造文字"瞾"，改名为武瞾。她排除万难，不拘一格任用贤才，革除时弊，发展生产，完善科举，使社会经济得到发展，为"开元盛世"打下了基础，人称武则天"政启开元"。同时，她为了维护自己的权力，任用酷吏，排除异己。晚年时，她生活奢靡，耗费了大量财资和劳力。705年冬，武氏死，遗诏"去帝号，称则天大圣皇后"，还天下于李唐。

　　慧能（638—713），亦称惠能。慧能幼年丧父，靠卖柴养母度日，后投禅宗五祖弘忍门下，因一句"菩提本无树，明镜亦非台，本来无一物，何处惹尘埃"而深为弘忍赞赏，后被密授法衣，成为禅宗六祖。之后，慧能在曹溪宝林寺正式"开山"传法，主张顿悟，被称为"六祖大师"。而师兄神秀则在北方传法，强调渐修。从此，南北分流，形成禅宗的南北两派。中唐以后，南宗成为禅宗的正统。六祖慧能高扬"顿悟见性"的大旗，成为享誉青史的一代宗师，他所创立的禅法几乎成了汉传佛教的代名词。

139

lì jīng tú zhì　　　　lǐ táng lín fēng
励 精 图 治 ， 李 唐 临 峰 ，
kāi yuán shèng shì　　　táng rén yuǎn míng
开 元 盛 世 ， 唐 人 远 名 。

【注释】 励精图治：振奋精神，设法把国家治理好。

　　唐玄宗李隆基是唐朝第七位皇帝，是唐太宗曾孙，武则天孙子，中宗李显侄子，睿宗李旦第三子。唐朝自武则天退位到中宗、睿宗统治期间（705—712），政局极不稳定。武氏诸王、中宗的韦皇后及其女儿安乐公主、武后女儿太平公主都参与政权，朝廷大臣也分为几派，相互排挤，接连发生政变。710年六月，26岁的李隆基和姑母太平公主共同谋划，发动政变，闯入宫中，杀死韦后、安乐公主等，铲除了韦氏集团。迎相王李旦入辅少帝，后来又拥其为帝，是为睿宗。712年，睿宗把帝位让给了儿子李隆基。开元元年（713），玄宗以先发制人的手段消灭了政敌太平公主及其拥护者，结束了七年的混乱局面。皇权稳固之后，玄宗开始整顿朝纲，精简官员，重用贤相，自奉甚俭，崇尚才子，稳固边关，使中国进入了一个光芒万丈的全盛阶段——开元盛世。唐朝为世界所瞩目，华人也被称为"唐人"，名字传到世界各地。

　　然而，玄宗后期开始沉迷于享乐，逐渐丧失了励精图治的精神，宠爱杨贵妃，重用贵妃亲属、亲信，导致国戚专权、宦官干政的局面，使大唐由盛变衰。

140

xuán zàng xī yóu　　jiàn zhēn dōng yíng

玄奘西游，鉴真东瀛，

qì xiàng huī hóng　　sì hǎi shēng téng

气象恢弘，四海升腾。

【注释】

气象：此处指唐朝鼎盛时期的综合情景，"盛唐气
　　　象"指盛唐时期诗歌的总体风貌特征。
恢弘：宽阔，广大。　　东瀛：日本。

　　玄奘（602—664），俗姓陈，名祎，唐朝著名的三藏法师，伟大的译经家，法相唯识宗创始人，《西游记》中唐僧的原型。他胸怀对佛法的无限执着，凭借惊人的毅力，历经千难万险，徒步行程五万里，西行至印度，研习佛法，17 年后学成而归，翻译大量的佛经，将其在印度所学尽传于中国。与玄奘的远涉求学相应，唐朝还有一位僧人为弘扬佛法，六次东渡日本传道，他便是鉴真。

　　鉴真（688—763），著名医学家，日本佛教律宗开山祖师。唐天宝十二年（753）十二月二十日，66 岁双目失明的鉴真和尚，在经历了 5 次东渡失败后，终于在日本遣唐使藤原清河一行的陪同下，实现了他多年的愿望，第 6 次东渡日本成功，踏上了日本的国土。759 年，鉴真设计修建唐招提寺，授戒讲经；把律宗传至日本，成为日本律宗的始祖；传授中医知识，促进了日本医药学的发展；带去中国佛经印刷品和书法碑帖，对日本的印刷术、书法艺术有很大影响。763 年，鉴真在日本招提寺圆寂。寺内至今还保留着鉴真的坐像，成为日本的国宝。

　　唐代以它多姿灿烂的文化在世界历史上留下了辉煌的一笔。

141

jiàn ān fēng gǔ　　qí liáng cí qīng
建安风骨，齐梁词轻，
shī zūn lǐ dù　　hán liǔ cái jīng
诗尊李杜，韩柳裁精。

【注释】
词轻：这里指齐梁时丽靡轻艳的文风。

裁：文章形式，此处引申为文采。

"建安"（196—220）是汉献帝的年号。此时的文坛以曹氏父子和建安七子等一批文学家为代表，既有政治抱负又有务实精神，作品中流露出骏爽刚健和慷慨悲凉的阳刚之气，人们用"风骨"来形容其风格，称为"建安风骨"。而齐梁之际，南朝民歌被引入宫廷，催生了"宫体艳情诗"，文学的风格为之一变，多描写皇宫苑囿、帝王府第的月露风云、艳情闲愁，诗歌单调轻浮。

唐诗代表人物是李白和杜甫。李白作诗以《庄子》、《楚辞》为源，壮浪纵恣，不拘法度，变化于声情辞藻，被认为是天授奇才的"诗仙"，存诗900余首，有《李太白集》。杜甫作诗法度严谨、思力沉厚，立意和格式富于变化，被认为是人能极致的"诗圣"。因杜甫忧国忧民，以诗写实，其诗被称为"诗史"。

韩愈三岁成为孤儿，早年流离困顿，但胸怀读书经世的志向，虽三试进士不第，后被荐举，历任国子监祭酒、兵部侍郎、吏部侍郎等职。柳宗元，字子厚，河东（今山西省永济市）人，遂被称为"柳河东"。柳宗元年少即有才名，20岁时考中进士，曾因革新运动失败被贬为永州（今湖南）司马。韩愈和柳宗元共同倡导了古文运动，反对过分追求形式的骈文，提倡散文，强调文章内容的重要性。因在散文创作领域的突出成就，人们将他们与宋代的欧阳修、苏轼等并称为"唐宋八大家"。

142

zhāng diān sù kuáng　　yán jīn liǔ gǔ
张 癫 素 狂 ， 颜 筋 柳 骨 ，
sù cǎi diāo kū　　wú dài dāng fēng
塑 彩 雕 窟 ， 吴 带 当 风 。

【注释】 塑：用泥土等做成人、物的形象。

　　唐代书法人才辈出，杰出的代表有张旭、怀素、颜真卿、柳公权。张旭喜饮酒，往往大醉后挥毫作书，或以头发濡墨作书，如醉如痴，世人称之为"张癫"，与李白、贺知章、李适之、李进、崔宗之、苏晋、焦遂并称为"酒中八仙"。怀素是继张旭之后的又一大草书家，也好饮酒，每当饮酒兴起，不分何处，任意挥写，时人谓之"醉僧"，有"张癫素狂"之称。颜真卿是中唐时期的书法创新代表人物，其书法突破了唐初的墨守成规，字如其人，沉着、刚毅，被称为"颜体"。柳公权也称"柳河东"，其书法避开横细竖粗，取匀衡瘦硬，追魏碑，骨力遒劲，以行书和楷书最为精妙。较之颜体，柳字则稍清瘦，故有"颜筋柳骨"之称。

　　唐三彩是一种盛行于唐代的陶器，主要用于随葬，以黄、褐、绿为基本釉色，后来人们习惯地把这类陶器称为"唐三彩"。石窟艺术是一种宗教文化，取材于佛教故事，唐朝时期曾扩建、修筑了许多大石窟。

　　"吴带当风"是指盛唐最杰出的画家吴道子人物画的用笔技法，他创造了一种波折起伏、错落有致的"莼菜条"式的描法，所画人物、衣袖、飘带，具有迎风起舞的动势，加强了描摹对象的分量感和立体感，突出了人体曲线和自然的合一。

143

ān shǐ zhī luàn　　fān zhèn jǔ bīng
安史之乱，藩镇举兵，
cháo jú tòu chéng　　táng zuò fèi gēng
巢菊透城，唐祚废更。

【注释】 藩镇：指边防重镇。　祚：皇位。

　　唐玄宗掌握政权初期，慧眼识相，任人唯贤，使唐朝进入了繁盛时期。后期，唐玄宗开始沉迷于享乐，逐渐丧失了励精图治的精神，也丢掉当初的节俭之风，将敢于直言的宰相张九龄罢免，由善于奉迎的李林甫任宰相。李林甫掌权长达19年，他排斥异己，培植党羽，开始了唐朝政治的昏暗时期。另外，唐玄宗宠幸杨贵妃，使杨贵妃哥哥杨国忠在李林甫死后平步青云当上宰相，杨贵妃的大姐封为韩国夫人，二姐封为虢国夫人，三姐封为秦国夫人。在杨国忠的专权下，整个唐朝开始混乱起来。玄宗的宠臣安禄山趁机叛乱，史称"安史之乱"。安史之乱后，唐朝元气大伤，此时，土地兼并现象日趋严重，藩镇割据的形势逐步形成。虽然一度出现"元和中兴"和"会昌中兴"，但是已经无力回天，后期国势向下，战争不断，经济衰退，人民不堪其苦。875年，黄巢领导农民发动起义，史称"黄巢起义"。起义军一路北上，曾攻下长安。天佑四年（907），朱全忠逼唐哀帝李柷禅位，改国号梁（后梁），是为梁太祖，改元开平，定都于开封。盛极一时的唐王朝彻底灭亡。

144

wǔ dài shí guó　　fǎ tiān wú yǐng
五代十国，法天无影，
shí jìn xī yíng　　qì dān mán hèng
石晋膝迎，契丹蛮横。

【注释】

膝迎：降低辈分拜见、迎接。

契丹：四世纪至五世纪时在今辽河上游发展起来的游牧民族。

　　从 907 年唐朝灭亡到 960 年北宋建立期间，在中国北方和中原地区先后建立了后梁、后唐、后晋、后汉、后周五个政权。与此同时，在南方和山西还先后出现了前蜀、后蜀、吴、南唐、吴越、闽、楚、南汉、南平（即荆南）和北汉十个割据政权，史称"十国"。这就是中国历史上的"五代十国"时期。五代十国本质上是中晚唐藩镇割据的延续，有实力的将领经常发动兵变，这个时期的政权基本上都是昙花一现。

　　五代的第一个政权是由朱温（梁太祖朱全忠）建的后梁。朱温朝政混乱，后被其世仇李存勖所灭。李存勖在 923 年农历四月称帝，国号为"唐"，史称"后唐"。后唐明宗李嗣源是个比较开明的皇帝，但他的后继者却被他的女婿石敬瑭以燕云十六州（今北京、天津以及山西、河北北部）为代价，向北方的契丹首领耶律德光借兵所灭。936 年农历十一月，契丹帝封石敬瑭为大晋皇帝，国号为"晋"。石敬瑭认比自己年纪小的契丹帝为父，自称"儿皇帝"，定都开封，建立了后晋。因石敬瑭将中国的北部屏障拱手让给游牧民族，使游牧民族逐渐强大起来，这对后来中国历史的走向产生了极大影响。

huáng páo jiā shēn　　chén qiáo yōng shèng
黄 袍 加 身 ， 陈 桥 拥 圣 ，
běi sòng tǒng yī　　luàn shì xī tíng
北 宋 统 一 ， 乱 世 息 停 。

【注释】 黄袍：也称龙袍，指古代皇帝的服装。

959 年，后周世宗柴荣病死，只有 7 岁的恭帝继位，时局危机重重。960 年正月初一，忽然传来辽国联合北汉大举入侵的消息，主政的符太后求助于宰相范质，范质授予赵匡胤最高军权率军迎敌。赵匡胤统率大军出了东京城（今河南开封），行军至陈桥驿（今河南封丘东南陈桥镇）驻扎。赵匡胤假意喝醉，其弟弟赵匡义（即宋太宗赵光义）和归德军掌书记赵普授意将士把已准备好的黄袍披在赵匡胤身上，拥立他为皇帝。960 年正月初四，赵匡胤率大军回师开封，迫使恭帝禅位，未经战事轻易地夺取了后周政权，改国号为"宋"，定都开封，建立了赵宋王朝。

赵宋取代后周后，赵匡胤严肃军纪，下令军队各归兵营，在平稳中实现了改朝换代，得到原后周大小官吏的支持。并先后平定抗军李筠和李重进，局势基本稳定。宋太祖为避免再次出现唐末数十年间帝王换了八姓十二君的争战无休的局面，设法从根源上阻止藩镇兵重、君弱臣强的局势发生，采取杯酒释兵权，解除了宿将石守信、高怀德、王审琦、张令铎、赵彦徽等兵权。之后与弟弟赵光义及赵普确定了"先南后北"、"先易后难"统一中国的战争方略。976 年 11 月，宋太祖突然去世，弟弟赵光义继位，是为宋太宗。至 979 年，宋朝实现了中国南北统一，结束了自唐朝安史之乱以来的藩镇割据和五代十国的分裂局面，对中国历史发展影响巨大。

146

qiáng zhě qiú hé　　chán yuān jié méng
强者求和，澶渊结盟，
sòng liáo mǐ bīng　　bǎi nián hé píng
宋辽弭兵，百年和平。

【注释】 澶渊：澶渊郡，即澶州，今河南濮阳。

弭兵：停战，弭为消失的意思。

947年，契丹帝耶律德光灭亡后晋，改国号大辽，为辽太宗。到了北宋时，大辽成为严重威胁宋朝江山的帝国。宋真宗景德元年（1004）九月，辽国的萧太后与辽圣宗耶律隆绪亲率大军，深入宋境，直逼京城开封。辽宋两军在澶渊展开了决战，当时辽军围攻澶州，萧太后亲自上阵擂鼓助威，辽军无不激动振奋，奋发向前。宋真宗在寇准等人的坚持下，亲自登上澶渊城督战，当大宋皇帝的黄龙旗在澶州北城楼上一出现，城下宋军与百姓立即齐呼万岁，欢声雷动，声闻数十里，宋军因而气势倍增。宋军使用功力强大的床子弩，射杀了正在前线探察的辽军先锋萧挞凛（擒获名将杨业之人），极大地动摇了辽军军心。正当局势变得对宋军有利时，宋真宗却无心对战，倾心议和。最终，双方签订了盟约，史称"澶渊之盟"。澶渊之盟使辽宋两国百余年间和平共处，北宋从此逐步发展成一个极盛的社会。宋徽宗时期供职于翰林图画院的张择端绘制的《清明上河图》就是歌颂当时首都汴京极盛景象的作品。当时汴京城内河流贯通，陆路四达，商业发达，居全国之首，人口达100多万，社会繁荣昌盛。然而，这次"澶渊之盟"在历史上颇有争议，它承认了辽的存在，并且宋每年向辽提供"助军旅之费"银十万两，绢二十万匹，开"岁币"之滥觞。

147

ān shí biàn fǎ　　yì qì zhēng zhēng
安石变法，意气铮铮，
kuàng dá chāo mài　　dōng pō gōng gēng
旷达超迈，东坡躬耕。

【注释】

铮铮：金属敲击的声音，这里指刚劲勇猛。

旷达：心胸开阔乐观。　超迈：气魄大，一直向前。

王安石（1021—1086），字介甫，晚号半山，世称"临川先生"，北宋杰出的政治家、思想家、文学家，唐宋八大家之一。1058年，王安石任三司度支判官，有感北宋积弱积贫的现状，以"民不加赋而国用足"的良好用心向宋仁宗上万言书建言变法图强。1068年神宗继位，第三年王安石任宰相，开始变法，以"天变不足惧，人言不足恤"的决心誓推新法，两度被罢相。王安石性情自负，推法刚愎，致好友司马光等名臣变为政敌，使苏轼疏远，加之部下执行不力，变法最终失败。

苏轼（1037—1101），字子瞻，号东坡居士，北宋杰出的文学家，豪放词派的开创者。苏轼与父亲苏洵、弟弟苏辙都是著名的文学家，合称"三苏"。1056年，苏轼中进士。1061年，苏轼又中制科考试，开始了仕途生涯，曾因"乌台诗案"下狱，多次被流放或降职，期间曾开垦一块坡地，亲自种田以补生计，遂有"东坡居士"的别号，在任职杭州期间，疏浚西湖筑"苏堤"。苏轼的诗与黄庭坚并称"苏黄"。苏轼的词开豪放词派先河，与辛弃疾并称"苏辛"。但苏词让冲动归于深沉，虽为豪放却偏于潇洒疏朗、旷达超迈，富含哲理。苏轼散文与欧阳修并称"欧苏"，书法与黄庭坚、米芾、蔡襄并称"宋四家"。

148

huó zì yìn shuā　　shāo ní bì shēng
活字印刷，烧泥毕昇，
háng hǎi cí zhēn　　rè qì zhàn zhēng
航海磁针，热器战争。

【注释】

磁针：指南针。

热器：使用火药的兵器，因火药爆炸发热而称热兵器。

中国古代的"四大发明"，除造纸术外，活字印刷术、指南针、火药，都在宋代开始发明或应用。活字印刷术由北宋平民毕昇（活动时期约 11 世纪）发明，他用胶泥做成单个字，再用火烧硬，可反复用于排版印刷，既简单又方便。指南针的原型是司南，战国时就有用于指南的记载，北宋时期演变成罗盘，应用于航海并逐步传遍全世界，在一定程度上促进了 15、16 世纪欧洲人的世界地理大发现，推动了人类社会的发展与文化交流。火药的发明源于炼丹术，古代人为求长生不老药而炼丹时偶然发现了火药的制作方法，制成一种极易燃烧的药，被称为"着火的药"，即火药。到了宋代，火药武器已经开始普遍使用，发明了突火枪。火药武器传入欧洲后，使战争由长矛、弓箭等冷兵器发展到以火药为动力的热兵器阶段，杀伤力更大，使欧洲人能够装备强大的舰队扬帆出航，征服全世界。

宋朝的政治环境相对宽松，皇帝非常尊重知识分子，允许学者充分探索真理而不至于获罪。同时，宋朝对经济、科技、文化事业都比较重视，成为中国历史上科技成果最为丰富的一个朝代。英国著名科技史学家李约瑟指出："每当人们在中国的文献中查考任何一种具体的科技史料时，往往会发现它的主焦点就在宋代。不管在应用科学或在纯粹科学方面都是如此。"

149

女真崛起，金踏辽营，
靖康之变，南宋偏廷。

注释 靖康：宋钦帝的年号，也是北宋的最后一个年号，从 1126 年 9 月到 1127 年 4 月。

金国的建立者为女真族。在辽统治初期，女真世代生活在东北松花江和黑龙江流域，处于原始氏族形态。到辽末年，女真已成为北方一支不可小觑的力量。然而，当时作为辽的藩属，女真人每年都要向辽进贡大量的金银珠宝，双方地位极不平等。1114 年，女真贵族完颜阿骨打誓师起义。1115 年，阿骨打称帝，建立了"金"王朝。1120 年，金与北宋签订"海上之盟"，双方从北南两面武力夹击辽国。1125 年，辽天祚帝被俘，辽国灭亡，金国完全控制了北方。金灭辽以后，立刻把矛头指向北宋。当年冬天，金军挥师南下，大举进攻北宋。1127 年，金军攻陷北宋都城开封，掳走宋徽宗赵佶，宋钦宗赵桓以及后妃、宗室、大臣等 3 000 余人。从赵匡胤称帝开始统治了中国 167 年的北宋王朝宣告灭亡，历史上称这一事件为"靖康之变"。

"靖康之变"时，宋徽宗的第九个儿子康王赵构幸免于难，于同年在南京应天府（今河南商丘）称帝，史称宋高宗，定都临安（杭州），开创了南宋王朝。南宋偏安于江南，延续了 153 年。这个王朝一直处于金国的威胁之下，直至被元消灭时，也未能恢复宋朝在中国北方的统治。但南宋的经济文化却空前繁荣，据说在 1275—1278 年，马可·波罗出任元朝官职时，游历前宋都临安，在他的游记中称赞临安为"世界上最美丽华贵之天城"。

150

jīng zhōng bào guó　　yuè jiā yuān méng
精忠报国，岳家冤蒙，
bàn bì jiāng shān　　nà gòng tōu shēng
半壁江山，纳贡偷生。

【注释】　纳贡：附属国向宗主国进献财物。

岳飞（1103—1142）南宋抗金名将，字鹏举。1126 年，金兵南犯，岳飞投军抗敌，曾作《满江红》明志报国，著有《岳忠武王文集》。1129 年，岳飞率军收复建康（今江苏南京），声名大振。绍兴十年（1140）五月，金兀术兵分两路向陕西和河南大举进攻，在很快攻占了两地之后，又率大军向淮南进攻。南宋派兵分路抵抗。岳飞带领的中路军，在郾城大败金将兀术的主力骑兵，乘胜收复了许多失地。其他几路宋军也取得了许多战果。于是，金兀术重启金宋和谈，达成"绍兴第二次和议"。1141 年，高宗赵构解除抗金将领韩世忠的兵权，又以"十二道金牌"召回在前线力主抗金的岳飞及其儿子岳云，之后以"莫须有"的罪名将岳飞父子下狱，并于当年除夕前夜（1142 年 1 月 27 日）将岳飞和岳云杀害。其余所有曾支持过岳飞，坚决抗金的文官武将，也都被贬斥。南宋与金议和，宋高宗以纳贡称臣为代价，换回了东南半壁江山的稳定统治权，之后宋金两国发展相对稳定。1234 年，南宋趁金国力衰弱之时与后崛起的蒙古联手，南北夹击灭掉金国。

151

jià xuān háo fàng   kāng kǎi bēi qíng

稼 轩 豪 放 ， 慷 慨 悲 情 ，

lù yóu ài guó   qīng zhào fāng míng

陆 游 爱 国 ， 清 照 芳 名 。

【注释】 豪放：指气魄大而不拘小节。
　　　　慷慨：充满正气，情绪激昂。

　　辛弃疾（1140—1207），南宋爱国词人，字幼安，因称居所"稼轩"，自号"稼轩居士"。他出生和成长在金人统治下的北方，没有受过循规蹈矩的传统文化教育，却有燕赵奇士的侠义之气。辛弃疾21岁参加抗金义军，是一位勇冠三军、能征善战的抗金英雄。在文学上，辛弃疾极大地继承和发展了苏轼开创的豪放派词风，更多地表现出英雄的豪情与悲愤，与苏轼合称"苏辛"，与李清照并称"济南二安"。虽然同属于豪放雄阔的风格，苏词偏于潇洒疏朗、旷达超迈，而辛词则给人以慷慨悲歌、激情飞扬之感。

　　陆游（1125—1210），字务观，号放翁，南宋著名爱国诗人。陆游自幼好学不倦，12岁即能诗文。1153年获进士第一名。1154年参加礼部考试，因名在秦桧之孙秦埙之前，竟被秦桧除名。1162年，孝宗继位，以陆游善辞章，熟悉典故，赐其进士出身。陆游一生存诗共9300余首，为中国之最，存词130余首。陆游的诗篇多抒写抗金杀敌的豪情和对求和派的仇恨，风格雄奇奔放，沉郁悲壮。

　　李清照（1084—1155），号易安居士，是南宋著名的女词人，婉约派的创始人。她文辞绝妙，鬼斧神工，前无古人，后无来者，被尊为"婉约宗主"，有"文有李清照，武有秦良玉"之说。李清照早年曾做《词论》，主张"词，当别具一家也"，注重词体协音律、重铺叙、有情致的特点。李清照也是中国历史上唯一一位名字被用作外太空环形山的女性。

chéng zhū lǐ xué　　tiān lǐ jū jìng
程 朱 理 学 ， 天 理 居 敬 ，
lù wáng xīn xué　　xīn lǐ zhī xíng
陆 王 心 学 ， 心 理 知 行 。

【注释】 理：这里指世界的本质。

　　程朱理学的创始人为北宋的周敦颐、邵雍及张载，二程（程颢、程颐）兄弟发展了他们的思想，主张"存天理，灭人欲"。后又经弟子杨时，再传罗从彦，再传李侗，再传南宋朱熹，由朱熹集其大成，建立了一个完整而精致的新儒学体系。朱熹认为"太极"是宇宙的根本，"太极"本身包含"理"与"气"，万物形成的规律就是"理"，而万物都是由"气"聚合而成，理在先，气在后。万物有万理，万理都源于天理。在修养方法上，朱熹主张"居敬穷理"，"居敬"指闭门思过，"心包万物"，以恭敬自持；"穷理"即"尽心"、"专一"，穷究万物的道理。"居敬"的目的在于明理。

　　南宋陆九渊（象山先生）和明代王守仁（阳明先生）共同缔造了与程朱理学相应的心学一系。南宋时期，理学家陆九渊把"心"作为宇宙万物的本原，提出"心"就是"理"的主张，强调"宇宙便是吾心，吾心便是真理"，认为天地万物都在心中。所以他的学说被称为"心学"，与朱熹理学抗辩。王阳明继承了陆象山的理同心说，提出了"知行合一"，使心与理或理与心合而为一。

　　程朱理学与陆王心学为宋明理学的主要内容。

153

yī dài tiān jiāo　　chéng jí sī hán
一代天骄，成吉思汗，
tǒng lǐng měng gǔ　　jīng xī jiàn nán
统领蒙古，旌西箭南。

【注释】 旌：旗帜的总称。

　　成吉思汗（1162—1227），名铁木真，蒙古开国君主，元代追其庙号为太祖。约在 1170 年，铁木真父亲被人毒死，母亲领着铁木真和他的几个弟弟艰难生活。少年时期的艰险经历，培养了铁木真坚毅勇敢的品质。后来，铁木真投靠蒙古部主札木合。再后来，铁木真招揽人马，脱离札木合，约在 12 世纪 80 年代，铁木真建立自己的斡鲁朵（宫殿）称汗。1201—1204 年，铁木真先后吞并几个主要部落，成为蒙古高原最大的统治者。1206 年，铁木真在斡难河（今蒙古鄂嫩河）源召开忽里台大会，即蒙古国大汗位，号"成吉思汗"。1207—1209 年，成吉思汗三次大举入侵西夏。1211 年，率大军南下攻金。1218 年，灭西辽。1219—1224 年，成吉思汗率 20 万大军西征，大举进攻花剌子模，西越里海、黑海间的高加索，深入俄罗斯，征服了亚欧大片领土。1225 年，成吉思汗凯旋东归，将本土及新征服所得的西域土地分封给四个儿子，后来发展为四大汗国。1227 年，成吉思汗灭西夏。1227 年夏，成吉思汗病逝，留下联宋灭金的遗言。

　　成吉思汗西征，进行历史上罕见的大屠杀、大破坏，给中亚各族带来极大灾难，被称为"黄祸"。但西征使整个丝绸之路唯一一次被一个国家控制，促进了东西方的文化、技术交流与民族融合。

154

联宋灭金，汗国五环，
西抵奥匈，欧亚幅员。

【注释】 奥匈：奥地利和匈牙利。

　　成吉思汗死后，三子窝阔台继任大汗，他依照父亲的策略，与宋联合，南北武力夹攻金国，1234 年正月，金国灭亡。1235 年，窝阔台派其兄术赤之次子拔都，率 50 万大军再度西征。1241 年，北路蒙军在波兰西南部的利格尼兹，大破波兰与日耳曼的联军。拔都亲率蒙军主力由中路进入匈牙利，其前锋直趋意大利的威尼斯，全欧震惊。此时，拔都忽接窝阔台驾崩噩耗，急速回师。

　　1251 年，蒙哥继大汗位，于 1253 年至 1260 年令其弟旭烈兀率兵进行第三次西征。1257 年，蒙军荡平木剌夷国，并挥师继续西进，攻陷报达（今巴格达），屠杀约 80 万人，灭亡历时五百余载的黑衣大食国。此后旭烈兀又率兵攻陷阿拉伯的圣地麦加，攻占大马士革，其前锋曾渡海攻占今地中海东部的塞浦路斯岛。1259 年，在计划进攻埃及时，他得到蒙哥伐宋阵亡的消息，率主力回师。

　　成吉思汗子孙们所统治的元蒙帝国版图横跨亚欧，建立察合台汗国、钦察汗国、窝阔台汗国、伊儿汗国四个汗国，加上本土的大汗汗国，共五个汗国。东西从太平洋到中欧，南北从西伯利亚到波斯湾，总面积约 4 000 万平方千米。

155

世祖汗皇，国号大元，
宋相汗青，正气歌传。

shì zǔ hán huáng　guó hào dà yuán
sòng xiàng hàn qīng　zhèng qì gē chuán

注释 汗青：古时在竹简上记事，先用火烤青竹，使水分如汗渗出，便于书写并免虫蛀，这里用来表达史册的意思。

忽必烈（1215—1294），成吉思汗孙子。蒙古帝国第四代大汗蒙哥于1258年率三路大军攻打南宋，1259年阵亡。正在进攻湖北的蒙哥弟弟忽必烈自称大汗。在战胜也自称大汗的弟弟阿里不哥之后，忽必烈于1267年定都中都（今北京），后改称大都。1271年改国号为"大元"，建立元朝，成为元朝首位皇帝，庙号世祖，史称元世祖。1279年，元军在崖山消灭了南宋最后的抵抗势力，宋丞相陆秀夫背着9岁的南宋小皇帝赵昺投海而死，南宋灭亡，忽必烈统一中国。

文天祥（1236—1283），原名云孙，字天祥。文天祥出生于一个地主家庭，其父爱读书，也很重视孩子们的学业。18岁时，文天祥获庐陵乡校考试第一名，20岁入吉州白鹭洲书院读书，同年即中选吉州贡士。1256年，文天祥在殿试中提出改革方案，表述政治抱负，被理宗皇帝亲自定为601名进士中的状元。1275年正月，元军大举进攻南宋，文天祥立即捐献家资充当军费，招募组建了一支万余人的义军开赴临安抗元。1276年正月，南宋谢太后任命文天祥为右丞相兼枢密使，出城与元军谈判。文天祥被元军扣留，在押向北方途中逃回，被宋端宗赵昰任命为右丞相。同年南宋都城临安（杭州）被攻陷。1278年冬，文天祥在与元军战斗中被俘，在押途中写下《过零丁洋》，留下千古名句"人生自古谁无死，留取丹心照汗青"，在狱中写下千古绝唱《正气歌》后从容赴义。

zá jù yuán qǔ　　yǎ sú jù jiān
杂剧元曲，雅俗俱兼，
xī xiāng zhī ài　　dòu é qí yuān
西厢之爱，窦娥奇冤。

【注释】
俱：全，都。
奇：罕见的，特殊的。

蒙古人属于马背上的草原民族，在统一中国后，他们反感中国历史上儒生的迂腐和乱言祸国，特别是一些御用文人的胡吹乱捧，因此一改中国古代传统的文化制度，把原为上品的儒生，降为社会的下等人，有七匠、八娼、九儒、十丐的说法。在这种情况下，以前被视为卑不足道的民间文学，代替了正统文学的地位，迅速发展并大放异彩，这便是与唐诗、宋词并称的元曲。

最著名的元曲作家是关汉卿。现存关汉卿的剧作有47部，占元曲总量的三分之一。《窦娥冤》是关汉卿的代表作之一。故事描写的是窦娥被人诬告杀人，县官判她死刑。窦娥死后，化为鬼魂为自己查明了冤案，使"沉冤昭雪"。元曲的另一个代表人物是关汉卿的好友王实甫，他的代表作是《西厢记》，描写的是穷书生张生和相国千金崔莺莺的爱情故事。其文学艺术成就至今备受世人赞赏。

157

bù yī yuán zhāng　　zhū míng zhú yuán
布衣元璋，　朱明逐元，
tún tián lì gēng　　qiáng quán zhū tān
屯田励耕，　强权诛贪。

【注释】屯田：驻军在驻地垦荒耕种或招募农民种地的措施。

诛：杀。

朱元璋（1328—1398），幼名重八，后改名为元璋，字国瑞，明朝的开国皇帝，明太祖，是继汉高祖刘邦以来第二位平民出身的君主，也是少年时期最清贫的中国君主之一，被后人称为"布衣皇帝"。1352 年，朱元璋投奔红巾军，在元末农民起义中脱颖而出。1368 年 1 月，40 岁的朱元璋在应天南郊登基，国号大明（1368—1644），改元洪武，建立了一个新的王朝。9 月，明朝北伐大军攻克大都，推翻了元朝的统治，将统治中原长达 99 年的蒙元政权驱逐回漠北。后来，朱元璋又陆续削平了各地的割据势力，逐步统一了全国。贫苦农民出身的朱元璋，深知民间疾苦，他在位期间实行了发展生产、与民休息的政策，兴修水利，减免赋税，赈济灾荒，提倡节俭，将皇帝使用的车舆、器具等物上的黄金装饰全部用铜代替。这些措施很快使一个破乱不堪的中国走向正轨，奠定了大明王朝的根基。朱元璋爱惜人才，设立培养人才的国子监，为年轻人提供升迁的机会。他痛恨贪官污吏，实行重诛清洗政策。在丞相胡惟庸和开国大将蓝玉两案中杀四万多人，并罢免丞相职位，集中权力在自己手中。在空白粮表贪污案中，他将从中央到各省、府、县牵连的几万贪官全部处死，几乎杀遍涉案地域官员和大户。

158

zhèng hé háng hǎi　　xī yáng qī fǎn

郑和航海，西洋七返，

běn cǎo gāng mù　　zhōng yào jù diǎn

本草纲目，中药巨典。

【注释】

纲目：大纲和细目。

典：被看作标准或典范的书籍。

　　明朝经过朱元璋 31 年的励精图治，农业经济得到恢复。矿冶、纺织、陶瓷、造纸、印刷等方面，都比以前有了不同程度的提高。中国的丝织品、瓷器受到欧洲国家的青睐，赢得了很高的声誉。至明成祖朱棣时，明朝国力强盛，对外贸易发达。朱棣想通过对外活动，展示中国的实力，因此在 1406 年到 1433 年间，曾七次派三宝太监郑和率船队下西洋，与 30 多个国家建立了交往，比其他国家的航海活动早了近百年。郑和的船队超过 200 艘，载送量达到 1 000 多吨，船队总人数达 20 000 多，是航海史上的一大壮举，郑和也成为一位伟大的航海家。

　　明朝还有一位伟大的人物，那就是为人类医学事业做出巨大贡献的李时珍（1518—1593），因为有他，明朝医学成就尤为突出。李时珍以毕生精力，亲历实践，广收博采，对本草学进行了全面的整理和总结，历时 27 年编成了中医药著作《本草纲目》。全书 190 多万字，记载了 60 类 1 892 种药物，其中 374 种是李时珍新增加的药物。绘图 1 100 多幅，并附有 11 000 多个药方。17 世纪末，《本草纲目》先后被译成多种文字，被誉为"东方药物巨典"。

159

yú qiān qīng lián hǎi ruì bà guān
于谦清廉，海瑞罢官，
nèi zhì chǎng wèi yuān yù lián tiān
内置厂卫，冤狱连天。

【注释】 冤狱：指受人冤枉、诬告而定的罪。

　　于谦（1398—1457），12 岁写下明志诗《石灰吟》，1421 年考中进士，1426 年被任命为御史。于谦为官清廉，刚直不阿。正统年间，宦官王振专权，肆无忌惮地纳贿。每逢朝会期间，百官大臣要进见王振者，必须献纳白银百两。有人问于谦带了什么，于谦一笑说"只有清风"。1447 年，明英宗朱祁镇被蒙古军俘获。于谦等人拥立御弟朱祁钰为皇帝（明代宗）。后来，明英宗被释放回京再次登基后，于谦以"谋反"罪名被处死。

　　海瑞（1514—1587），自幼攻读诗书经传，博学多才，1550 年中举，1566 年任户部云南司主事，曾因带棺材冒死上疏明世宗朱厚熜不理朝政而入狱。世宗驾崩后，明穆宗继位，海瑞被释放出狱。在一个封建社会里为官，清廉者难获官场支持，也就难有建树，清官海瑞同样遭到官场排挤，曾被革职闲居 16 年。海瑞病逝时，其遗产只有用葛布制成的帏帐和破烂的竹器。

　　明朝时期，内廷为了加强统治，设立了一套侦查机构体系，这便是厂卫。厂包括东厂、西厂和大内行厂，卫则指锦衣卫。掌管厂的太监亲近皇帝，使厂的势力大于卫。锦衣卫侦伺一切官员，厂则侦察官民和锦衣卫。厂卫均可不经司法机关，直接逮捕吏民，用刑极为残酷，致使朝野上下人人自危。1623 年，宦官魏忠贤兼掌东厂，使宦官专权的局面再度出现，并兴起大狱，大肆捕杀弹劾他的东林党人，全国一片血雨腥风。

160

努尔哈赤，八旗整编，
nǔ ěr hā chì　　bā qí zhěng biān

七恨讨明，后金趋前。
qī hèn tǎo míng　　hòu jīn qū qián

【注释】讨：谴责，讨伐。
趋：走，奔赴。

　　努尔哈赤（1559—1626），姓爱新觉罗，满族，清王朝的奠基人。明万历十一年（1583），努尔哈赤以祖、父遗甲十三副起兵，经过20余年的征伐，统一了松花江流域和长白山以北的女真部。1599年，努尔哈赤命额尔德尼、噶盖创制满文，1601年正式创立八旗制度。八旗制度是一种兵民一体化、耕战合一的社会组织形态。初建时设四旗：黄旗、白旗、红旗、蓝旗。1614年将四旗改为正黄、正白、正红、正蓝，并增设镶黄、镶白、镶红、镶蓝四旗，合称八旗，统率满、蒙、汉族军队。

　　1616年，58岁的努尔哈赤于赫图阿拉（今辽宁新宾西南）建立"大金"国（史称后金），自立为汗，年号天命。1618年，努尔哈赤以"七大恨"祭天，誓师征明，开始了推翻明王朝的历程。1619年，努尔哈赤率六万八旗军民在辽宁抚顺萨尔浒大败十四万明军。1621年，努尔哈赤迁都辽阳。1625年迁都沈阳。1626年，努尔哈赤挥军进攻宁远（今辽宁兴城），被明军红夷大炮击伤，同年8月病逝，葬于沈阳东陵，称之"福陵"，庙号"太祖"。之后，努尔哈赤的后代率领只有几十万人口的满清八旗，融合并延续了中华民族文化，牢牢统治了中国长达近300年。

161

chuǎng wáng jìn jīng　　sān guì fù mǎn
闯　王　进　京，　三　桂　附　满，
qīng jūn rù guān　　dà shùn hào duǎn
清　军　入　关，　大　顺　号　短。

【注释】

附：依附，投靠。

短：这里指时间短。

李自成（1606—1645），明末农民起义军领袖。少年时曾在驿站当驿卒，后因丢失公文被裁撤回家，又因欠债被抓去游街，后来杀死债主逃到甘肃当兵。后又因欠饷问题杀死军队参将和当地县令，发动兵变，率众投农民军高迎祥。1636 年，高迎祥兵败被杀，李自成被推为"闯王"。同年，皇太极在山海关外盛京继帝位，改国号为"清"。1640 年，李自成在河南收留并大赈饥民，提出"均田免赋"的口号，广受欢迎，流传"迎闯王，不纳粮"，其军队迅速发展到数万人。1644 年 1 月，李自成在西安称帝，建国号"大顺"。称帝后，李自成立即开始东征北京，4 月 25 日清晨，明朝兵部尚书张缙彦打开正阳门迎李自成军队入城，崇祯皇帝在景山自缢。山海关外有满清八旗虎视眈眈，关内李自成农民军风起云涌，在内急外紧的局势下，统治中国达 277 年的明朝灭亡。

大顺军进京后臣将骄奢，拷掠明官，四处抄家，掠财滥杀。传说农民军将领刘宗敏抢夺了明朝山海关守军将领吴三桂的爱妾陈圆圆，吴三桂一气之下投向满清八旗。李自成在山海关被吴三桂和清朝摄政王多尔衮击败，5 月 31 日逃回京城。6 月 3 日，李自成在北京称帝，怒杀吴三桂家人 34 口，次日逃往西安，临行前火烧紫禁城和北京部分建筑。清军在吴三桂的带领下攻入北京，随后多尔衮迎清顺治帝入关，迁都北京。这就是历史上的"清军入关"事件。

chéng gōng jù qīng　　shōu fù tái wān

成功拒清，收复台湾，

qīng cháo cè fēng　　dá lài bān chán

清朝册封，达赖班禅。

【注释】 册封：宣读皇帝授予封号的册文和授予印玺。

郑成功（1624—1662），本名森，字明俨，民族英雄。他出生在日本，母亲为日本人，后迁回父亲故乡福建。父亲郑芝龙曾为海盗，后来投降明朝，成为一名将领。21岁时，郑成功受到隆武帝朱聿键的召见，被封为忠孝伯、赐国姓（朱），改名成功。后来，南明永历帝朱由榔又封郑成功为"延平郡王"。清军入闽后，隆武帝被俘，郑芝龙降清，郑成功则起兵抗清。1659年，郑成功率水师10余万北上，力图围攻南京，遭遇失败。为解决军队的给养，郑成功转而进攻1624年就被荷兰人占据的台湾。1662年2月，被侵占达38年之久的台湾被郑成功收复。1683年，郑成功的孙子郑克爽投降清朝，台湾正式纳入大清帝国版图。

藏传佛教有戴黑帽子的"黑帽派"，其最先有活佛转世的说法，后来又出现一派戴黄帽子的"黄教"。黄教三世灵童索南嘉措曾到蒙古传教，于1578年被蒙古首领俺答汗首次授予"达赖喇嘛"封号，即三世达赖喇嘛。1653年，清朝顺治皇帝正式册封五世达赖，达赖喇嘛由此成为西藏的最高统治者。1713年，清朝康熙皇帝正式册封五世班禅"班禅额尔德尼"的封号，此后历代班禅和达赖均由中央政府册封。班禅与达赖均为"黄教"弟子，他们联合清朝，获得西藏的统治权，西藏进入"政教合一"的统治时期。

163

wén kǎo wǔ lüè　　jiè jiāng píng pàn
文 考 武 略，　界 疆 平 叛，
kāng qián shèng shì　　bì guó zì ān
康 乾 盛 世，　闭 国 自 安。

【注释】 文考武略：指文化考证和军事用兵谋略。

清圣祖康熙（1654—1722）是清朝最堪赞誉的君主。在维护国家统一上，1681 年康熙平定了长达 8 年的三藩之乱；1683 年，康熙又收降台湾郑克爽，首次将台湾纳入中央政府版图；两次反击沙俄侵略势力，于 1689 年同沙俄政府签订了《尼布楚条约》，确定黑龙江流域的广大领土"皆我属之地"；多次带兵亲征，平定了蒙古准噶尔丹分别勾结沙俄和藏族人的叛乱。在文化方面，整编《康熙字典》、《大清会典》、《佩文韵府》、《历代题画诗类》、《全唐诗》，他还聘请外籍传教士入宫讲授西方自然科学技术，绘制中国第一部实测地图集《皇舆全览图》。康熙帝的文治武功为康乾盛世奠定了基础。

清高宗乾隆（1711—1799），名爱新觉罗·弘历，在位 60 年。乾隆即位后，以"宽猛相济"的理念施政，先后平定新疆、蒙古等地，巩固了清王朝的统治。在经济上，他主要继承了祖父康熙帝和父亲雍正帝的政策，促进了经济的发展。1773 年，他主持编纂《四库全书》，历时 9 年。此书是当时世界上最大的百科全书。

"康乾盛世"繁荣的背后其实潜藏着许多危机，清朝政府以为自己是天朝大国，不与外国进行贸易往来，并且重农轻商，科举唯四书五经，排斥自然科学。因此，到乾隆朝中后期，繁荣一时的清朝社会很快陷入萧条冷落的"中衰"时期。"康乾盛世"是中国古代封建社会最后一个盛世。

164

西方工业，悄然发展，
xī fāng gōng yè qiǎo rán fā zhǎn

鸦片战争，国门虚掩。
yā piàn zhàn zhēng guó mén xū yǎn

【注释】　**虚掩：一般指门窗未关紧，这里指边防力量虚弱。**

在中国皇帝眼中，中国是"天朝上国"。清朝政府自高自大，不愿与其他国家交往。到 18 世纪，英国开始了轰轰烈烈的工业技术革命，蒸汽机开始用于棉纺厂、织布厂以及其他工业部门，英国一跃成为欧洲和世界头号强国。之后，工业技术成果传到欧美等国。

此时，英美俄等国商人开始向中国大量出口鸦片，使中国从贵族豪绅到商、学、农、工、兵都抽起鸦片，国穷民困。1838 年 12 月，道光皇帝授林则徐为钦差大臣，前往广东厉行禁烟，林则徐收缴、销毁鸦片 2 万多箱。为抵抗清政府禁烟，1840 年 6 月 28 日，英国炮舰封锁珠江海口，第一次鸦片战争爆发。1842 年 8 月 29 日，清政府与英国签订了中国近代史上第一个不平等条约——《南京条约》，第一次鸦片战争结束。1856 年 10 月 23 日，英国军舰向广州发起进攻，挑起了第二次鸦片战争。中国皇帝曾经梦想的天朝大国，在战争中以长矛对抗西方先进工业制造的洋枪洋炮，不堪一击。两次鸦片战争都以中国战败而结束，中国闭关自守的大门被英国的军舰大炮打开，从此中国沦落到被其他强国控制的地步。

nán　jīng　tiáo　yuē　　　gē　dì　péi　kuǎn
南 京 条 约，割 地 赔 款，
zhōng　wài　gé　jú　　　xíng　yí　shì　zhuǎn
中 外 格 局，形 移 势 转。

注释　格局：局势、态势。

　　第一次鸦片战争后，中英两国代表于 1842 年 8 月在南京议和，清政府被迫签署了《江宁条约》，又称《南京条约》。《南京条约》是中国近代史上第一个不平等条约，共 13 款，主要内容是：把香港租让给英国，向英国赔偿巨款，开放广州、福州、厦门、宁波、上海为通商口岸，中国不能自行调整关税，英国人犯罪不受中国法律约束，英国享有单方最惠国待遇等。《南京条约》签订后，西方列强趁火打劫，相继强迫清政府签订了一系列的不平等条约。

　　鸦片战争以及《南京条约》的签订，是西方列强侵略中国的开始。中国一直以"天朝上国"自居，但是在英军的炮火之下，这种一厢情愿的想法破灭了，这对中国思想界是一个冲击，同时对日本等东方国家也是一个冲击。经过鸦片战争，英国在东方击败了大清帝国，更加增强了英国以及其他西方国家控制东方的野心，使东方逐渐沦为西方国家的原料产地和产品倾销市场，推动了西方国家迅速发展资本主义，形成强大的资本主义世界。此后世界格局发生了巨大变化。

166

shì shì dòng míng　　shāng fù shèng chuán
世事洞明，商父盛传，
rén qíng liàn dá　　shāng shèng xuě yán
人情练达，商圣雪岩。

[注释] 　洞明：透彻地了解。
　　　　练达：阅历丰富，通晓世故人情。

盛宣怀（1844—1916）的父亲担任过多种官职，主张学要实用。盛宣怀从小受到这种思想的影响，在科举上三次乡试均名落孙山后，更加专注于社会实用。1870 年，盛宣怀被李鸿章招入其幕府，提出官督商办的想法，被清廷接纳。之后他创办了轮船招商总局、煤矿、电报局、纺织厂、银行、炼铁厂。1895 年，盛宣怀建立北洋大学（天津大学前身），1896 年创办了南洋公学（上海交通大学前身），1908 年修京汉铁路。1911 年，任邮传部大臣。大清帝国灭亡后，盛宣怀逃往日本。盛宣怀在官商实业活动中，曾组织了大量社会慈善活动，筹建了"上海万国红十字会"。

胡雪岩（1823—1885）小时候家境贫困，在放牛时拾到一个装满财物的包袱，却一直等到失主回来，将财物归还给失主。后来失主招胡雪岩到粮行做学徒。之后他又被金华火腿行老板、杭州钱庄老板看中，受到他们的提拔。1848 年，胡雪岩资助偶遇的王有龄北上谋职。随着王有龄职位的不断高升，胡雪岩也渐渐成为杭州城的大商绅。1861 年，清军与太平天国军作战，胡雪岩积极购运军火、粮米接济清军，得到了左宗棠的赏识。后来，左宗棠委任胡雪岩为总管，主持全省钱粮、军饷等事务。胡雪岩从此以亦官亦商的身份购军火、办实业，并创建了杭州胡庆余堂等。

167

xī yóu sān guó　　shuǐ hǔ fēng yān
西游三国，　水浒风烟，
hóng lóu yī mèng　　míng zhù sì piān
红楼一梦，　名著四篇。

> [注释] 风烟：指战乱、战火。

《水浒传》作于元末明初，是中国历史上第一部用白话文写成的章回体小说。作者施耐庵（1296—1371），字肇瑞，别号耐庵。施耐庵根据民间流传的宋江起义传说，编写了北宋末年官逼民反，梁山英雄聚众起义的故事。美国女作家赛珍珠将《水浒传》译成英文名 *All Men Are Brothers*。

《三国演义》作者罗贯中（约 1330—1400），名本，字贯中。罗贯中综合民间传说和陈寿的《三国志》，并结合他个人的人生体悟，创作了以魏、蜀、吴三个集团之间争斗与较量为主要内容的《三国志通俗演义》（《三国演义》），开创历史小说的先河。《三国演义》是中国第一部长篇章回体小说。

《西游记》是一部神话小说。作者吴承恩（1504—1582），字汝忠，号射阳山人。吴承恩少年时代因文才出众而在故乡有名，但才高而屡试不中，两次乡试均失败。他青年时期狂放不羁、轻世傲物。50 岁左右，在民间传说玄奘西游的话本、戏曲的基础上，历时 8 年完成了《西游记》这部神话巨著。

《红楼梦》原名《石头记》、《情僧录》、《风月宝鉴》、《金陵十二钗》等。作者曹雪芹（1715—1763），字梦阮，号雪芹。曹雪芹在富贵荣华中长大，从曾祖父到父辈相继担任江宁织造，深受康熙帝宠信，康熙六下江南，四次住曹家。雍正初年，父辈的曹頫被革职入狱，曹家家道日衰。曹雪芹深感世态炎凉，用 10 年时间专心创作了《红楼梦》。

168

<ruby>太<rt>tài</rt></ruby> <ruby>平<rt>píng</rt></ruby> <ruby>天<rt>tiān</rt></ruby> <ruby>国<rt>guó</rt></ruby>， <ruby>烝<rt>zhēng</rt></ruby> <ruby>众<rt>zhòng</rt></ruby> <ruby>夙<rt>sù</rt></ruby> <ruby>愿<rt>yuàn</rt></ruby>，

<ruby>英<rt>yīng</rt></ruby> <ruby>法<rt>fǎ</rt></ruby> <ruby>联<rt>lián</rt></ruby> <ruby>军<rt>jūn</rt></ruby>， <ruby>掠<rt>lüè</rt></ruby> <ruby>烧<rt>shāo</rt></ruby> <ruby>皇<rt>huáng</rt></ruby> <ruby>园<rt>yuán</rt></ruby>。

【注释】

烝众：平民百姓，烝为多。

夙愿：也为"宿愿"，意为一直怀着的愿望。

掠：抢劫、夺取。

1843 年，洪秀全在广东花县首创"拜上帝教"。1851 年 1 月 11 日，拜上帝会众万人在金田村起义，即金田起义，洪秀全自称天王，建号"太平天国"。1853 年 3 月，洪秀全攻占南京，改名"天京"并定都于此。1856 年太平军发生内讧，即"天京事变"，北王杀东王，名将翼王石达开因此率部出走。1863 年 5 月，石达开被曾国藩部将围困于大渡河安顺场，为救将士入敌营谈判遭杀害。1864 年 6 月，洪秀全被困病逝。全盛时期兵力超过一百万人的太平天国运动持续了 13 年，在中外势力联合镇压下失败。

1856 年，英国借口广东水师在广州黄埔捕捉中国船"亚罗"号上的海盗，派兵进攻广州。法国借口法籍天主教神甫马赖在广西被杀，亦出兵入侵。第二次鸦片战争爆发。1857 年，英法组成联军，攻陷广州。1858 年 6 月下旬，清政府分别与英、法签订《天津条约》。1860 年 8 月 24 日，英法联军占领天津。咸丰皇帝闻讯仓皇逃往热河。10 月初，联军占领京西皇家三山五园，即万寿山、玉泉山、香山和清漪园、圆明园、畅春园、静明园、静宜园，在恣意抢劫之后，又放火焚烧，一座座瑰丽多姿的宫苑被烧毁。10 月下旬，清政府与英、法订立《北京条约》，第二次鸦片战争结束。

169

xīn yǒu zhèng biàn　　cí xǐ chuí lián

辛酉政变，慈禧垂帘，

yáng wù yùn dòng　　tóng zhì nián jiān

洋务运动，同治年间。

【注释】 洋务：清末指与外国有关的政治、经济、外交、军事、文化等事务。

　　1860 年 9 月，英法联军逼近北京，咸丰皇帝逃亡热河。不久，咸丰病死于热河，其独子 6 岁的载淳即位，由八位大臣辅政，尊先帝皇后钮祜禄氏为慈安太后，尊载淳的生母懿贵妃为慈禧太后。11 月 2 日，两宫太后与咸丰弟弟奕䜣密谋废除八位辅佐大臣。11 日，慈禧宣布改明年（1862 年）为同治元年，东、西二太后垂帘听政，加封奕䜣为议政王大臣，军机大臣领班。这一年是农历辛酉年，故称"辛酉政变"，因发生地在北京，又称"北京政变"。此时，慈禧太后 27 岁，开始了对中国长达 47 年的统治。

　　同治年间（1862—1874），恰逢清政府在英法等外国势力的协助下，将太平天国运动、捻军和西北回民起义等镇压下去，清廷的危机暂时得到了缓和，出现了短暂的中兴景象，史称"同治中兴"。鸦片战争爆发后，曾国藩、李鸿章等清朝大臣深刻感受到了西方"坚船利炮"的威力。李鸿章曾到英法军舰上参观，后在奏折中说："轮船电报之迅，瞬息千里，军械机器之精，巧力百倍，炮弹所到，无坚不摧，水陆关隘，不是限制，又为数千年来未有之强敌。"因此，他们迫切希望学习西方技术，"师夷长技以制夷"，渐图自强，被称为"洋务派"。他们开展洋务运动，创建了一大批近代军事工业、企业和新式学堂，建立北洋海军，并派遣留学生出国深造等。

170

jiǎ wǔ zhàn zhēng　　běi yáng xiāo yān

甲午战争，北洋硝烟，

liè qiáng jì yú　　sè sè biān guān

列强觊觎，瑟瑟边关。

硝烟：爆炸后形成的烟雾，比喻战火。

觊觎：非分的希望或企图。

瑟瑟：形容颤抖、发抖。

　　1868 年，日本通过明治维新迅速崛起。1884 年，日本驻朝公使竹添策动朝鲜王朝亲日的"开化党"政变，推翻了亲中的保守派政权，建立了开化党政府。保守派请求中国军队支援，袁世凯率兵清除了乱党。之后，日本加紧扩军备战，到 1894 年，日本海军舰艇总吨位已经超过了清朝北洋海军。

　　1894 年 7 月 25 日，日本海军在朝鲜丰岛西南海域袭击中国两艘军舰，8 月 1 日清朝政府对日宣战，中日甲午战争爆发。1894 年 7 月 25 日，中日展开了平壤陆战和黄海海战，双方各伤毁 5 艘军舰，北洋水师退回威海卫。9 月 17 日起，战争蔓延至辽东半岛，清朝重兵驻守的鸭绿江防线竟全线崩溃。11 月 22 日旅顺口陷落，日本海军在渤海湾获得重要的根据地，从此北洋门户洞开，因北洋舰队深藏威海卫港内，战局更加急转直下。1895 年 2 月 17 日，日军在刘公岛登陆，清廷威海卫海军基地陷落，北洋舰队全军覆没；4 月 17 日，清政府派李鸿章赴日本签订丧权辱国的《马关条约》，中日甲午战争结束。

171

mǎ guān xīn chǒu　　rǔ guó tiáo kuǎn
马 关 辛 丑 ，　辱 国 条 款 ，
gōng chē shàng shū　　yì hé tuán liàn
公 车 上 书 ，　义 和 团 练 。

注释　上书：向君主进呈书面意见。

　　1895 年 4 月，清政府与日本在日本马关签订了不平等的《马关条约》（又称《春帆楼条约》）。消息传到中国时，正值乙未科进士在北京考完会试等待发榜，应试的读书人（举人）听到消息，群情激奋，台湾举人更是痛哭流涕。4 月 22 日，康有为、梁启超写了一万八千字的《上今上皇帝书》，十八省举人响应，一千二百多人署名。5 月 2 日，由康、梁二人带领，十八省举人在"都察院"门前请代奏。因举人都坐公车，这次请愿被称为"公车上书"，成为维新派登上历史舞台的标志，也是中国群众政治运动的开端。

　　1899 年，山东平原县义和拳民在朱红灯的带领下，竖起了"天下义和拳兴清灭洋"旗帜，改称义和团，得到清廷的好感。1900 年 6 月 10 日，西摩尔率"使馆卫队"的联军进京保护使馆，自天津向北京进发途中受到义和团的进攻，同时清政府默许义和团民大量入京。8 月 13 日，八国联军进抵北京城下，于 14 日凌晨发动总攻。清军和义和团合力抵抗，慈禧遂带领光绪帝等人于 15 日晨西逃。随后，北京沦陷，义和团运动失败。

　　1901 年，清政府被迫与八国联军以及比利时、荷兰、西班牙 11 国签订了《辛丑各国条约》，简称《辛丑条约》。条约共 12 款，主要内容有：中国赔款白银 4.5 亿两，划定使馆区，镇压反帝斗争，对德、日"谢罪"，惩治附和过义和团的官员等。

bèn xiàng gòng hé　　sūn wén dǎo yǎn
奔向共和，孙文导演，
xīn hài gé mìng　　huáng cháo qīng fān
辛亥革命，皇朝倾翻。

【注释】 共和：政体形式，也称共和制，泛指国家权力机关和国家元首由选举产生的一种政治制度。

　　清朝末期，由于政府无能，加之西学进入中国，民众要求变革的呼声越来越高，各种以变革为使命的社团纷纷成立。这些革命团体被统称为"革命党"，代表人物是孙中山，他被尊称为"国父"。

　　孙中山（1866—1925），本名孙文，号日新、逸仙，曾化名为中山樵，故称孙中山。孙中山出生在广东中山市，13 岁随母到夏威夷读书，1883 年回国。1886 年在广州、香港学医。毕业后致力救国，立志废除君主制，建立共和制。1894 年 11 月，孙中山在檀香山创立的兴中会，成为近代中国第一个革命团体。1895 年孙中山组织广州起义失败后流亡日本。1905 年，与黄兴等人在日本创建同盟会，任同盟会总理，提出了三民主义思想。

　　1911 年 5 月，清政府以铁路国有之名，将已归民间所有的川汉、粤汉铁路筑路权收归"国有"，马上又出卖给外国银行，激起民众开展保路运动，革命党人趁机开展活动。1911 年 10 月 10 日，湖北新军中的革命团体文学社和共进会秘密组织武昌起义，爆发辛亥革命，掌控武汉三镇，成立湖北军政府，改国号为中华民国。两个月内有十五个省纷纷脱离清政府宣布独立，使清朝皇权濒临崩溃。此时，在美国的孙中山获悉武昌起义成功的消息后，积极在外交上予以支持。1912 年 1 月 1 日，中华民国临时政府在南京成立，孙中山被推举为临时大总统。1 月 25 日，袁世凯通电支持共和。2 月 12 日，袁世凯逼清帝溥仪退位，清朝灭亡。

wén xué gǎi liáng　　hú shì xuān yán
文学改良，胡适宣言，
kuáng rén rì jì　　rén dào zāo qiǎn
狂人日记，仁道遭谴。

【注释】 改良：改善。

　　辛亥革命（1911）后，康有为、严复、袁世凯等人为维护社会等级次序提倡"尊孔复古"，大力提倡尊孔读经，并发布《祭圣告令》通告全国举行"祀孔典礼"，维护以孔子为代表的传统思想，支持袁世凯恢复帝制。1917年1月，胡适在陈独秀创办的《新青年》上发表《文学改良刍议》一文，成为抨击传统文化的启蒙运动——新文化运动的导火索，2月陈独秀即发表《文学革命论》，给予声援。1918年5月，周树人首次以"鲁迅"为笔名，在《新青年》上发表了白话文小说《狂人日记》，明确"意在暴露家族制度和礼教的弊害"，即揭露中国传统礼教的"仁义道德"实际上是在压抑人性，中国几千年就是"吃人"的历史，发出了"封建主义吃人"的呐喊。这些作品成为中国白话文发展史上的里程碑，使中国现代文学迈出了艰辛的第一步，其对传统礼教的激进批判，迎合了推翻旧制度的新思潮，为后来共产主义在中国的传播和共产党的成立创造了思想条件。新文化运动的核心是：提倡民主、自由和个性解放，反对封建专制和伦理道德；提倡科学，反对尊孔复古思想和偶像崇拜；提倡新文学，反对旧文学和文言文，开展文学革命和白话文运动。新文化运动成为五四运动的先导。

bā lí hé huì　　mín yuàn tāo tiān
巴黎和会，民怨滔天，
wǔ sì yùn dòng　　gòng chǎn jī yuán
五四运动，共产机缘。

【注释】 滔天：极大。

1919 年 1 月 18 日，第一次世界大战的战胜国（协约国）和战败国（同盟国）在巴黎凡尔赛宫召开会议，即"巴黎和会"。会上，作为协约方的中国却遭到宰割，中国的山东半岛主权被英法美做主转送给日本。此时，由于新文化运动使青年学生思想异常活跃。因此，面对不公平的"巴黎和会"，1919 年 5 月 4 日，北京三所高校的 3 000 多名学生代表冲破军警阻挠云集天安门广场，喊出"誓死力争，还我青岛"、"拒绝在巴黎和会上签字"等口号，并且要求惩办交通总长曹汝霖、货币局总裁陆宗舆、驻日公使章宗祥。学生游行队伍行至曹宅，痛打了在曹家的章宗祥，并火烧曹宅，之后又引发了"火烧赵家楼"事件。随后，学生遭到军警围捕，32 人被逮捕。这就是著名的"五四运动"。

6 月 11 日，陈独秀到新世界屋顶花园散发传单，呼吁政府接受市民要求，遭逮捕。各地学生团体和社会知名人士纷纷通电，抗议政府的暴行，一时学生罢课、工人罢工盛行。面对强大的压力，曹、陆、章相继被免职，总统徐世昌提出辞职。此时，李大钊、陈独秀等人借鉴俄国 1917 年 10 月工人革命取得成功的经验，开始宣传马克思主义，掀起马克思主义学习研究思潮，为中国共产党的诞生把握了良好机遇。共产党的缔造者陈独秀被誉为"五四运动时期的总司令"。

175

jiā xīng nán hú　　zhōng gòng yáng fān

嘉兴南湖，中共扬帆，

guó gòng hé zuò　　běi fá zhēng zhàn

国共合作，北伐征战。

176

【注释】 伐：征讨，进攻。

1917 年，俄国十月革命胜利，使马克思列宁主义在中国受到重视，而"五四运动"又促进了马克思主义同中国工人运动的结合。1920 年初，陈独秀、李大钊等人开始了建党的探索。5—10 月各地纷纷建立共产主义小组。1921 年 7 月 23—31 日，中国共产党第一次全国代表大会在上海举行，毛泽东、董必武等 12 名代表出席会议，会议在最后一天转移到浙江嘉兴南湖的游船上。大会宣告中国共产党正式成立，陈独秀被选为首任总书记。

中国共产党成立以后，集中力量领导工人罢工，但京汉铁路大罢工遭到直系军阀吴佩孚的镇压，造成了震惊中外的"二七惨案"。这使共产党认识到，应寻求强有力的同盟者。1923 年 6 月，中国共产党第三次全国代表大会决定与孙中山领导的国民党联合。孙中山也欣赏共产党富有朝气的领导运动，愿意与其合作。1924 年 1 月 20—30 日，孙中山在广州召开了国民党第一次全国代表大会，许多共产党员以个人身份加入国民党参加了大会，国共开始第一次合作。1924 年至 1927 年，为推翻北洋军阀，国共两党组建国民革命军开展了北伐战争（即第一次国内革命战争或大革命），蒋介石任总司令。北伐军在不到 9 个月的时间里，打垮了吴佩孚，消灭了孙传芳主力，占领长江流域和黄河流域部分地区。1927 年 7 月，蒋介石和汪精卫控制的国民党与共产党分裂，第一次国共合作结束。

176

nán chāng qǐ shì　　wǔ zhuāng duó quán
南昌起事，武装夺权，
zūn yì huì yì　　hóng jūn bì xiǎn
遵义会议，红军避险。

起事：起义。

武装：武力、暴力。

中国共产党在成长初期，走了不少弯路。在国共第一次合作后期，作为共产国际的一个支部，陈独秀不得不接受共产国际和斯大林的指挥，同时又受制于国民党，导致共产党遭到清洗，损失惨重。1927 年 7 月 12 日，中共中央进行改组，停止了总书记陈独秀的领导，决定利用共产党掌握和影响下的国民革命军发展自己的武装力量。1927 年 8 月 1 日，由周恩来、李立三等人领导的南昌起义爆发，起义军共 2 万多人。因遭到汪精卫镇压，3 日后起义军撤出南昌，7 日到达临川时，总兵力只剩下 1.3 万人。南昌起义标志着中国共产党开始掌握军权，武装反抗国民党。因此 8 月 1 日被定为建军节。

1930 年，国军开始集中兵力，进攻红军根据地，多次发动"围剿"。在前四次反"围剿"中，红军采取了游击战术，取得了胜利。1933 年，蒋介石集中百万军队，发动规模空前的第五次"围剿"。此时，留苏归来的王明在共产国际的支持下，主持中共中央工作，他采取主动出击、先发制人等冒险战术，导致第五次反"围剿"失败，8 万多红军被迫放弃根据地，开始转移。1935 年 1 月 7 日，红军攻克黔北重镇遵义，此时红军只剩 3 万人左右。15 日至 17 日，中共中央在遵义召开了政治局扩大会议，同意毛泽东的游击战军事主张，确立了毛泽东在党和红军中的领导地位。之后，红军回避冒险战术，展开灵活的运动战，逐步摆脱危险境地。5 月，红军强渡大渡河，之后爬雪山、过草地，转移到陕北延安。

dōng běi yì zhì　　xué liáng jù pàn
东 北 易 帜 ，学 良 拒 叛 ，
xī ān shì biàn　　tǒng yī zhàn xiàn
西 安 事 变 ，统 一 战 线 。

【注释】 事变：这里指突发性的政治、军事变化。

张学良（1901—2001），字汉卿，张作霖之子，国民党东北军总司令，人称"少帅"。1928年6月，张作霖被日本关东军炸死，张学良就任东三省保安总司令，开始统治东北。之后，日本人威逼和拉拢张学良宣布东北独立，而国民政府则劝说张学良统一到国民政府旗下。为维护国家统一，张学良宣布"东北易帜"，降下五色旗升起了国民政府的青天白日旗。

1931年9月18日，"九一八"事变爆发，日本很快侵占东北三省。1933年3月，热河省沦陷，国民党遭到全国人民的谴责。此时，在山海关内共产党军队风起云涌，关外日本军队虎视眈眈，内忧外患，于是蒋介石提出了"攘外必先安内"的政策。1935年9月，蒋介石调东北军入陕甘围剿共产党。此时，日本侵华却愈演愈烈，中共中央发表了《为抗日救国告全体同胞书》。1936年9月，共产党与张学良的东北军签订了《抗日救国协定》。12月12日晨5时，张学良和西北军司令杨虎城发动兵谏，在华清池武装扣押蒋介石，逼蒋抗日，即"西安事变"。之后，中共代表团与张、杨及蒋介石代表宋美龄、宋子文达成了停止"剿共"协议。1937年7月7日，"卢沟桥事变"爆发，17日蒋介石在庐山发表全民族抗日讲话，由此开始国共二次合作，共同抗日八年。

178

quán mín kàng rì　　bā nián xuè rǎn
全民抗日，八年血染，
fāng yí wài huàn　　qí dòu fù jiān
方夷外患，萁豆复煎。

【注释】 方：刚刚。 夷：铲除，消灭。 其：豆子的秸秆。

抗日战争（以下简称抗战），指第二次世界大战期间，中国抗击日本侵略的战争，始于1937年7月7日"卢沟桥事变"，止于1945年8月15日，即国际上所称的"第二次中日战争"。战争期间，中国共产党军队被编入国民军第八路军和新编第四军，掀起了轰轰烈烈的国人团结一致对外的抗日运动。中国军民经过八年浴血战斗，血染河山，悲壮动天，最终与二次世界大战的同盟国一起获得胜利。1945年8月15日正午，日本裕仁天皇通过广播发表《终战诏书》，宣布无条件投降。9月9日，侵华日军总司令冈村宁次在南京向中华民国政府陆军总司令何应钦呈交投降书。战争中，中国军民总伤亡约3 500万人，歼灭日军约70万人。

抗战结束后，国民党和共产党组建联合政府的谈判破裂，于1946年夏天爆发全面内战，在刚刚被日本蹂躏的满目疮痍的中华大地上，同为中华民族同胞的国民党和共产党军队再次燃起战火。1948年9月至1949年1月，共产党的中国人民解放军同国民党的国民革命军先后进行了辽沈、淮海、平津三次大决战，历时142天，解放军伤亡20多万人。国民党军队伤亡、投降共154万余人，为共产党在全国取得胜利奠定了基础。

zhōng huá mín guó　　bài zǒu tái wān
中华民国，败走台湾，
rén mín gòng hé　　sì jiǔ shǐ diàn
人民共和，四九始奠。

【注释】 奠：建立。

　　1949 年元旦，内外交困的蒋介石宣布下野，由李宗仁任中华民国代总统。面对共产党军队的节节胜利，李宗仁试图求和，想以长江为界划江而治，但遭到中共拒绝。1949 年 4 月，中国人民解放军展开渡江战役，突破长江防线。4 月 23 日，陈毅领导的中共第三野战军第 35 军攻打并占领南京，于 24 日凌晨占领国民党总统府，南京国民政府对中国 22 年的统治宣告终结。1949 年 9 月，带有制宪会议性质的由中共和其他民主党派及爱国人士参加的新"政治协商会议"在北平开幕，会议决定改国名为中华人民共和国，定都北京。10 月 1 日，毛泽东在北京天安门城楼上宣告中华人民共和国中央人民政府成立。1949 年 12 月 10 日，蒋介石离开成都官邸，乘专机抵达台湾。

kàng měi yuán cháo　　bīng chū cháo xiǎn

抗 美 援 朝，兵 出 朝 鲜，

wén huà gé mìng　　hào jié shí nián

文 化 革 命，浩 劫 十 年。

【注释】 浩劫：大灾祸。

　　第二次世界大战结束时，美国和苏联在朝鲜半岛以北纬 38 度线为界，分别接受日军投降，形成了倾向于美国的"南韩"和倾向于苏联的"北朝鲜"。1950 年 6 月 25 日，"北朝鲜"军队突然发动了对大韩民国的进攻。6 月 27 日，联合国通过决议组成以美国为首共 16 个国家参与的联合国军队出兵干预朝鲜。朝鲜向中国求援，中国组建志愿军于 1950 年 10 月赴朝参战，即"抗美援朝"。1953 年 7 月 27 日，交战双方在《朝鲜停战协定》上签字，战争结束。中国志愿军伤亡 100 万余人，毛泽东长子毛岸英牺牲。

　　1966—1976 年，"文化大革命"政治运动覆盖整个中国大陆。1976 年 9 月，毛泽东逝世。10 月 6 日，华国锋主席和叶剑英元帅等先发制人，逮捕了以江青为首的"四人帮"，结束了"文化大革命"运动。

181

sān zhōng quán huì　　xiǎo píng bō luàn
三中全会，小平拨乱，
ruì yì gǎi gé　　rèn zhòng dào yuǎn
锐意改革，任重道远。

【注释】 锐意：勇于进取，意志坚决专一。

　　1976 年 10 月，"文化大革命"结束。此时，整个中国都处于严重的闭关锁国状态，中国社会经济已经极其落后，社会发展秩序已经遭到严重破坏，科学、文化和社会观念落后，人的思想被严重束缚。中国社会应该怎么发展，从中央政府到地方都不清楚，共产党领导的工作仍处于混乱、迷茫状态。1978 年 12 月 18 日至 22 日，中共十一届三中全会在北京开幕，邓小平开创性地提出了"中国要改革开放"的总想法。从此，中国逐渐向世界打开了大门，引进、借鉴学习发达国家的技术、管理和私有经济模式，使中国逐渐从动乱恢复到国家建设上来。在邓小平的建议下，设立深圳经济特区，使原来只是一个小渔村的深圳变成中国经济发展实验的前沿城市。邓小平也因此被称为"中国改革第一人"、"中国社会主义改革开放和现代化的总设计师"。在改革开放前十年内，邓小平两次当选美国《时代周刊》的封面人物。

　　中国要想成为世界最发达国家之一，其人均国民收入、社会法制、社会保障、贫富差距、公信力、环境、教育等方面仍然存在较大改善余地，改革还需深入，任重而道远。

182

港澳回归，恢复主权，
gǎng ào huí guī　　huī fù zhǔ quán

入世贸易，大国商谈。
rù shì mào yì　　dà guó shāng tán

【注释】 主权：国家独立处理事务的权力。

　　清政府末期，英国强行租借香港 99 年，葡萄牙强占了澳门。新中国成立后，随着国家实力不断增强，邓小平创造性地提出了"一国两制"的方针，经过与英国的多次会谈，在 1997 年 7 月 1 日租借期满时，如期将香港主权收回。1974 年，因葡萄牙革命成功，新政府实行非殖民地化政策，承认澳门是被葡萄牙非法侵略的中国领土，其主权属于中国。1975 年，葡萄牙将最后一批驻澳门军队撤离。1979 年，中葡正式建交。1999 年 12 月 20 日，中国顺利收回了澳门。港澳回归后，中国以更开放的姿态向世界敞开大门，积极参与世界各国间的合作与交流。其中，最为典型的事件为中国加入世界贸易组织。世界贸易组织（WTO）正式成立于 1995 年 1 月 1 日，它的前身是 1947 年订立的关税及贸易总协定（GATT），当时的中国曾是这一协定的成员国之一。新中国成立后，中国政府于 1986 年开始要求恢复中国 GATT 成员国的地位，但未能如愿。世贸组织成立后，取代了 GATT 负责管理世界经济和贸易秩序。2001 年 9 月，世贸组织中国工作组举行第十八次会议，通过了中国入世的所有法律文件。2001 年 11 月 10 日，在多哈召开的世贸组织第四次部长级会议，审议并表决中国加入世贸组织。2001 年 12 月 11 日，中国正式成为世贸组织成员国。

183

zì xué chéng cái　　　shù xué huà piān
自学成才，数学华篇，
dāng dài bì shēng　　　zhào pái wáng xuǎn
当代毕昇，照排王选。

【注释】 照排：这里指利用计算机控制实现照相排版的技术。

华罗庚（1910—1985），中国现代数学家，中国科学院院士，解析数论、矩阵几何学等方面的创始人和开拓者。华罗庚出生在江苏省金坛县（今金坛市）一个小商人家庭。中学毕业后，华罗庚因交不起学费而辍学在家自学。19岁时，患伤寒和左腿关节炎成为残疾，但他却在上海《科学》杂志上发表论文，引起了清华大学数学系主任熊庆来教授的注意，被清华大学聘为图书馆馆员，后又提升为讲师。1936年，被清华大学派往英国剑桥大学留学。1938年回国，被聘为西南联合大学的教授。1946年，被伊利诺伊大学聘为终身教授。1950年，华罗庚放弃美国工作回到新中国，他说："虽然数学没有国界，但数学家却有自己的祖国。"

王选（1937—2006），中国计算机专家，汉字激光照排技术的研制者，北大方正集团的发起者。王选17岁时考入北京大学当时比较冷门的计算数学专业。1958年，王选毕业留校做助教。1975年，王选感到活字印刷术已经无法满足信息爆炸对出版的需求，提出攻研汉字激光照排技术，却遭到很多人质疑。但王选坚持研究激光照排技术，终于使中国的出版印刷业告别了铅与火，迎来了光与电的时代。之后短短三年里，国外的印刷出版公司大都退出了中国市场。王选因此获得了毕昇奖、国家最高科学技术奖。

lián xiǎng diàn nǎo　　ā lǐ wǎng zhàn
联想电脑，阿里网站，

sōu hú bǎi dù　　　　　jù jiàn
搜狐百度，ＩＴ巨舰。

【注释】 IT：信息技术 Information Technology 的缩写。

1984 年，在中科院计算所工作的柳传志和两位伙伴以 20 万元人民币创办北京计算机新技术发展公司，后改名联想集团。2005 年，联想集团以 6.5 亿美元现金和 6 亿美元的联想股票收购世界著名的 IBM－PC 业务，2008 年成为中国第一个冲进"全球 500 强"的民营企业，引领中国 IT 行业。

1995 年，做了 6 年英语教师的马云看到了互联网的潜在商机，用 2 万元启动资金，开始互联网创业。1999 年，马云与 18 名志同道合的年轻人回杭州自筹资金再次创业，创立阿里巴巴网站。十年时间，阿里巴巴连续五次被美国权威财经杂志《福布斯》评选为全球最佳 B2B 站点之一。

张朝阳，1986 年毕业于清华大学物理系，1993 年获得美国麻省理工学院（MIT）博士学位，并继续在 MIT 从事博士后研究。但是，他却非常关注中国的商业活动。1998 年，张朝阳正式推出了第一家全中文的网上搜索引擎——搜狐（SOHU），几年后搜狐成为中文世界最强劲的互联网品牌。

李彦宏，百度公司创始人、董事长兼首席执行官。1991 年毕业于北京大学信息管理专业，随后赴美国留学。1999 年底，李彦宏回国创办百度获得巨大成功。李彦宏曾经获得"CCTV 2005 中国经济年度人物"，美国《商业周刊》和《财富》等杂志也多次将其评为"全球最佳商业领袖"和"中国最具影响商界领袖"。

jí dì kē kǎo　　　tǐ tán duó guàn
极 地 科 考 ， 体 坛 夺 冠 ，

cháng é bēn yuè　　shén zhōu háng tiān
嫦 娥 奔 月 ， 神 舟 航 天 。

【注释】　极地：南极和北极。

　　地球南北两极蕴藏着丰富的资源和无数的科学之谜。尤其是南极地区，几千米厚的大冰盖是反演古环境的极好地方，纯洁的自然环境则是研究全球环境变化的基准点。1984 年中国首次赴南极进行科学考察。1986 年 6 月，中国成为国际南极研究科学委员会的正式成员国，先后建立了长城站、中山站和昆仑站等极地考察平台。2004 年，中国的北极考察站——黄河站在挪威斯瓦尔巴群岛落成。

　　1924 年，中国首次派 3 名运动员参加了第八届奥运会的表演赛。1932 年，刘长春作为唯一代表参加了第十届奥运会的 100 米、200 米的预赛。1984 年，第二十三届洛杉矶奥运会上，许海峰夺得男子 60 发手枪慢射金牌，中国人首获奥运金牌。之后的历届奥运会，中国代表团都取得了优异成绩。中国逐渐成为体育大国。2008 年 8 月，北京成功举办了第二十九届夏季奥林匹克运动会。

　　2003 年 10 月 15 日，中国神舟五号宇宙飞船将航天员送入太空，杨利伟成为第一个进入太空的中国人。之后，费俊龙、聂海胜、翟志刚、刘伯明和景海鹏先后到访太空，翟志刚成为第一个在太空漫步的中国人。2004 年，中国正式启动月球探测工程，并根据"嫦娥奔月"的神话故事，将这一工程命名为"嫦娥工程"。

186

zhuàng zāi zhōng guó   qián lóng zài yuān

壮哉中国，潜龙在渊，

téng fēi zhōng huá   kàn wǒ shào nián

腾飞中华，看我少年。

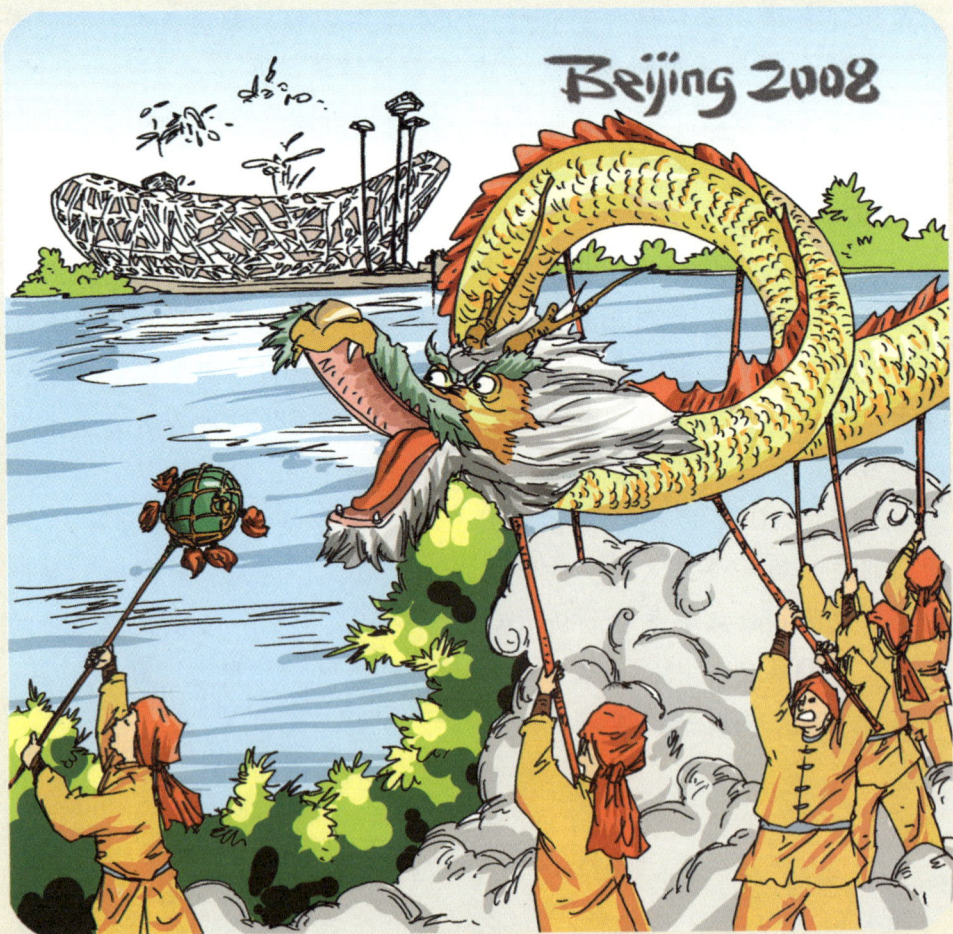

> [注释]
>
> 哉：表示感叹。
>
> 渊：深水。

今天的中国，已经是世界上经济增长最快的国家之一。国内生产总值（GDP）位列世界第二；成功举办北京奥运会、上海世博会，实现了中华民族的百年梦想；载人航天、探月工程、超级计算机等前沿科技实现重大突破；国防和军队现代化建设取得重大成就，国门不再虚掩；在抗击地震、水旱灾害上齐心协力、团结互助。中国综合国力的提升，已令整个世界刮目相看。"康乾盛世"之后，沉寂了300年的中华巨龙已经摆动起来，即将腾渊而起。

然而，中国还是个发展中国家，距离发达国家还有差距。中国人均国内生产总值还很低，基础科技水平还落后于欧美发达国家，社会综合效率还不高，政府惩治腐败任重道远，综合环境有待恢复和改善，社会诚信水平有待提高，教育改革步履维艰。

中国，一个具有世界上最多人口的大国，一个具有五千年文化的大国，一个要成为世界上负责任的大国，一个正在起步腾飞的大国。灿烂的中国时不我待，光辉的中国呼唤少年新一代！

后 记

我们处于一个变化的时代，不仅是身处一个变革的社会环境之中，同时，也与全世界共同迎接信息化、全球化时代的来临。文化融合、信息共享、科技合作和价值碰撞已是这个时代的明显特征。但是，从这样的大融合、大变化的背景下来审视我们的基础教育，却发现鲜有改变，尤其是基础教育学科独立的课程体系和教育测评内容等变化很小。正是在这种变与不变的思考中，我开始形成将古典启蒙教育与当代教育相结合，创新实践基础通识教育的想法，并构思这套《汉语·四字经》读本作为教材。其一，希望通过基础通识读本给小读者们提供一个融会贯通的知识结构，使他们未来更好地理解、迎合这个大融合的时代，从根本上为培育他们精英思想铺路；其二，希望通过构筑一个可以透视世界文化和人类普世价值的平台，从而让中华传统文化走向世界，而稳固这个平台的支柱必是中华文史、世界文史和科学人文。

《汉语·四字经》系列读本是在原《英才通识·四字经》系列读本基础上进行修编再版的，修正了原书局部错误，使读本内容更加精确。本书即将付梓，我仍没有丝毫轻松的感觉，此书旨在探索中国基础教育变革，实现基础人文会通教育，出版并非达到目标。倒是追求不受体制约束，可以自我发展教育思想的"自由"志趣，以及身处一个年轻、充满朝气、积极奋进的团队中，才使我静下心来，始终保持一种向上的心态，在目前功利教育的大环境里做最根本的教育研究和实践。

在此，要对圣桥教育集团的同仁们表示感谢，是你们对教育、对圣桥的高度认可，对教学、管理、研发等工作高度负责，积极协作，才允许我有时间坐下来思考教育的本质和此书的写作！感谢圣桥教育研究院汉语项目组在文稿校核中付出的劳动！感谢集团纪颖校长对《汉语·四字经》文稿写作的建议，以及对基础通识教育在全国范围实践的开拓支持！

《汉语·四字经》得以再版，更要感谢暨南大学出版社李战副社长对本书的高度认可和提出的宝贵建议，感谢责任编辑曹军在此书的出版发行中所做的专业细致的工作，以及其他为此书付出劳动的出版社专家朋友们！

真诚感谢北师大徐勇（徐梓）教授、清华大学方红卫教授、人民大学宋洪兵教授对本书给予的高度评价！

此书，限于本人教育思想，希望得到来自社会各界人士的批评！

里 京
2014 年 10 月 18 日